SOUS LA DIRECTION DE
VITAL GADBOIS ET
NICOLE SIMARD

COLLECTION **B**IBLIOTHÈQUE **L**A **L**IGNE

ALFRED JARRY

UBU ROI

NOTES, PRÉSENTATION ET
APPAREIL PÉDAGOGIQUE PRÉPARÉS
PAR ANNIE ROUSSEAU ET
MARIE-ÈVE ST-DENIS,
PROFESSEURES AU COLLÈGE DE ROSEMONT

TEXTE INTÉGRAL

MODULO

Nous reconnaissons l'aide financière du gouvernement du Canada par l'entremise du Programme d'Aide au Développement de l'Industrie de l'Édition (PADIÉ) pour nos activités d'édition.

Catalogage avant publication de Bibliothèque et Archives nationales du Québec et Bibliothèque et Archives Canada

Jarry, Alfred, 1873-1907
  Ubu roi
  (Bibliothèque La lignée)
  Pièce de théâtre.
  Comprend des réf. bibliogr.
  Pour les étudiants du niveau collégial.
  ISBN 978-2-89593-869-9
  1. Jarry, Alfred, 1873-1907. Ubu roi. 2. Jarry, Alfred, 1873-1907 -
Critique et interprétation. I. Rousseau, Annie, 1975-   . II. St-Denis, Marie-Ève, 1980-   .
III. Titre. IV. Collection.
PQ2619.A65U3 2008   842'.8   C2008-941993-6

Équipe de production

Éditeur: Sylvain Garneau
Chargée de projet: Dominique Lefort
Révision linguistique: Isabelle Maes
Correction d'épreuves: Catherine Baron, Marie Calabrese
Typographie: Carole Deslandes
Maquette et montage: Guylène Lefort
Couverture: Marguerite Gouin

MODULO

*Groupe Modulo est membre de
l'Association nationale des éditeurs de livres.*

Ubu roi

© Groupe Modulo, 2009
233, avenue Dunbar
Mont-Royal (Québec)
Canada H3P 2H4
Téléphone: 514 738-9818 / 1 888 738-9818
Télécopieur: 514 738-5838 / 1 888 273-5247
Site Internet: www.groupemodulo.com

Dépôt légal - Bibliothèque et Archives nationales du Québec, 2009
Bibliothèque et Archives Canada, 2009
ISBN 978-2-89593-869-9

Imprimé au Canada
1 2 3 4 5   13 12 11 10 09

Créée par des professeurs de littérature enthousiastes, La Lignée accompagne l'enseignement de la littérature au collégial depuis 1980. Groupe Modulo est fier de vous présenter, sous ce nom prestigieux, une collection d'ouvrages littéraires sélectionnés pour leur qualité et leur originalité ; des professeurs d'expérience vous en faciliteront la lecture et la compréhension.

L'introduction situe l'auteur dans son époque, éclaire son œuvre dans ce qu'elle a d'original, analyse sa langue dans ce qui la distingue et son style dans ce qu'il a d'unique. Quelques précisions sont données concernant l'édition du texte à lire.

La première partie comporte le texte intégral, accompagné de notes de bas de page qui aplanissent les difficultés de langue et qui expliquent les allusions historiques ou culturelles.

En deuxième partie, deux passages ou courts textes font chacun l'objet d'une recherche lexicographique suivie de questions vous permettant de découvrir l'œuvre progressivement. Dans le premier cas, les réponses vous sont partiellement fournies ; dans le deuxième ne sont présentées que les questions. Le but est d'abord de comprendre le texte (première approche), de l'analyser (deuxième approche), finalement de le commenter, en le comparant avec un autre extrait de l'œuvre, puis avec une autre œuvre du même auteur ou d'un auteur différent (troisième approche).

Des annexes contiennent des informations nécessaires à la lecture de l'œuvre : un tableau synoptique de la vie de l'auteur et de son époque ainsi qu'un glossaire des notions littéraires utilisées dans l'analyse de l'œuvre. Suit enfin une médiagraphie composée d'ouvrages, de films et de sites Internet susceptibles de piquer votre curiosité et de vous inciter à lire d'autres grandes œuvres de la littérature.

Vital Gadbois et Nicole Simard,
directeurs de la collection « Bibliothèque La Lignée »

Table des matières

~~~~~~~~~~~~~~~~~~~~~~~~~~~

SYMBOLES

* Les mots définis dans le Glossaire des notions littéraires sont signalés, au fil des pages, par un astérisque.

• Certains mots du texte littéraire sont expliqués dans le Lexique des termes appartenant à l'univers d'*Ubu roi* (annexe I). Ces mots sont signalés, au fil des pages, par une pastille noire.

Dessin d'Alfred Jarry réalisé par F. A. Cazals, à Paris, en 1897.

LE 10 DÉCEMBRE 1896 A LIEU LA PREMIÈRE REPRÉSENTATION D'*UBU ROI*. LE SCANDALE EST ÉNORME. IL FAUT DIRE QUE LA PIÈCE CONSTITUE UN PIED DE NEZ MAGISTRAL FAIT AUX CONVENTIONS THÉÂTRALES. SON AUTEUR EST ALFRED JARRY, UN JEUNE HOMME EXCENTRIQUE DE 23 ANS. IL MOURRA À 34 ANS, SANS AVOIR JAMAIS CONNU LE SUCCÈS, ÉPUISÉ PAR LES EXCÈS D'UNE VIE ANTICONFORMISTE. BIEN QU'IL AIT LAISSÉ UNE ŒUVRE CONSIDÉRABLE EN VERS ET EN PROSE, C'EST AU SEUL PERSONNAGE DU PÈRE UBU QU'IL DEVRA SON INCROYABLE NOTORIÉTÉ POSTHUME.

LA VIE D'ALFRED JARRY

Alfred Jarry naît le 8 septembre 1873 à Laval, une commune française située dans la région du Pays-de-la-Loire. Son père est négociant en tissus. Peu de temps après la naissance du garçon, les parents se séparent. Alfred et Charlotte, sa sœur aînée, vont vivre avec leur mère, Caroline Quernest, chez leur grand-père maternel, qui habite en Bretagne. Jarry entre au lycée de Saint-Brieuc en 1879 et y fait son école primaire et élémentaire. Son intérêt pour les lettres est déjà marqué puisqu'il compose dès 1885 ses premières comédies en vers et en prose.

En 1888, Mme Quernest s'installe à Rennes avec ses deux enfants. Comme Alfred Jarry est un élève brillant qui a accumulé les prix et les mentions d'honneur, sa mère souhaite le voir poursuivre ses études dans un établissement de plus grande envergure, dispensant un enseignement de qualité. Au lycée de Rennes, l'adolescent a pour professeur de physique un dénommé Félix-Frédéric Hébert, objet de moqueries des lycéens depuis déjà plusieurs années. C'est un pédagogue détestable dont les jeunes se vengent en le transformant en héros ridicule d'aventures imaginaires. Ces récits constituent également une parodie des œuvres classiques qu'ils étudient en classe. Jarry participe à cette entreprise de création collective et y puisera son inspiration pour *Ubu roi*.

En cette fin de XIXe siècle, le cursus scolaire est vaste. Sont au programme le français, le latin, l'anglais, l'allemand, le grec, l'histoire, la géographie médiévale et contemporaine, le dessin, la philosophie, la géométrie, la chimie, la physique et les mathématiques. Selon les exigences de l'école supérieure qu'ils souhaitent fréquenter, les lycéens préparent leur baccalauréat en sciences ou en lettres. Après beaucoup d'hésitations, Jarry choisit les lettres. Il obtient son diplôme en 1890 et prépare son entrée à l'École normale supérieure, la plus prestigieuse institution d'enseignement supérieur française. Il échoue, cependant, au concours d'admission. Il faut dire qu'il avait obtenu une dispense, n'ayant pas encore l'âge requis, c'est-à-dire dix-huit ans. Afin de mieux préparer la prochaine tentative de son fils, Mme Quernest prend la décision de déménager à nouveau, cette fois à Paris, où il fréquentera le lycée Henri-IV.

S'il était un élément brillant à Saint-Brieuc, Jarry avait eu plus de mal à se faire une place à Rennes. À Paris, la concurrence est plus féroce. Les clivages sociaux sont également plus marqués. Jarry, un provincial peu fortuné à l'accent breton prononcé, ne s'intègre pas facilement dans ce milieu guindé. Il trouve dans l'extravagance une issue : elle lui permet de s'imposer auprès de ses nouveaux camarades.

Sans être parmi les premiers, Jarry demeure un bon élève. Il essuie néanmoins deux autres échecs à l'examen d'entrée de l'École normale supérieure. Si ses notes sont excellentes en français, elles sont catastrophiques en histoire. Jarry s'accommode tant bien que mal de ces revers ; il remporte quelques prix pour ses écrits et réussit à s'introduire dans le monde littéraire. À la mort de sa mère en 1893, il hérite d'une certaine somme, ce qui lui permet de se résoudre définitivement à une carrière d'homme de lettres. Cette décision n'est pas réellement couronnée de succès : les revues pour lesquelles il travaille font faillite ou lui refusent des articles en raison de son sens de l'humour particulier. Ses quelques publications lui ouvrent néanmoins les portes des salons littéraires les plus renommés de l'époque, dont celui de Stéphane Mallarmé (1842-1898), et font naître des amitiés avec des gens appartenant au cercle des symbolistes, entre autres Marcel Schwob (1867-1905), Alfred Vallette, directeur du Mercure de France, et sa femme, Rachilde. En 1894, Jarry devient critique d'art et

Alfred Jarry, photographié en 1898, sur sa bicyclette Clément Luxe,
achetée mais jamais payée.

© Roger Viollet, n° 640-14

les éditions du Mercure de France publient son premier ouvrage, *Les Minutes de sable mémorial*.

En 1895, après le décès de son père, Jarry touche un second héritage. Il profite de son avoir pour publier sa propre revue d'estampes, *Le Perhindérion*, qui ne paraîtra que deux fois. À la fin de l'année 1895, Jarry sollicite un poste auprès d'Aurélien Lugné-Poë, fondateur du Théâtre de l'Œuvre, que Jarry soutient depuis ses débuts en 1893, pour y remplir des fonctions administratives. Malgré ses activités, l'écrivain vit une situation financière difficile. L'héritage qu'il a obtenu en 1895 a été dilapidé en 18 mois. En effet, Jarry a financé, en plus de sa revue, la production d'*Ubu roi* au Théâtre de l'Œuvre. Il dépense sans compter : il fait l'achat d'un petit bateau pour pêcher dans la Seine et d'une bicyclette qu'il ne paiera jamais – bien qu'un huissier lui adresse une sommation –, mais pour laquelle il éprouvera une réelle passion. L'abus d'absinthe et l'usage intempestif d'un revolver dressent les contours de la personnalité marginale de Jarry.

Malgré de nombreuses publications, il passera le reste de ses jours à vivre dans l'indigence, devant compter sur la générosité de ses amis pour l'héberger ou payer son loyer. Dès 1897, il doit abandonner son appartement luxueux pour revenir à son premier logement à Paris, qu'il appelle le « calvaire du trucidé », avant d'en être expulsé. En mai 1906, Jarry, malade, retourne à Laval où il sera soigné par sa sœur, Charlotte. Atteint d'une grave crise cérébrale, Jarry croit sa fin venue : il dicte ses dernières volontés à sa sœur, reçoit l'extrême-onction et écrit une lettre touchante à son amie Rachilde. Temporairement rétabli, il passe son temps entre Paris et Laval pour fuir ses créanciers. Sa santé se détériore. En octobre 1907, inquiets de ne pas avoir de ses nouvelles, deux de ses amis vont chez lui et le découvrent agonisant dans son appartement parisien. Il est emmené d'urgence à l'hôpital de la Charité. Il meurt le 1er novembre d'une méningite tuberculeuse[1]. L'enterrement de l'écrivain a lieu au cimetière de Bagneux. Pour payer

---

1. La méningite tuberculeuse est une forme de méningite causée par une bactérie, le bacille de Koch, responsable aussi de la tuberculose.

La couverture d'*Ubu roi*, paru aux éditions
du Mercure de France, à Paris, en 1896.

sa tombe, ses amis doivent organiser une collecte de fonds publique. La concession n'ayant été payée que pour cinq ans, la sépulture de Jarry sera délogée, de sorte qu'elle a aujourd'hui disparu.

UBU ROI, UNE ŒUVRE AVANT-GARDISTE

LA GENÈSE D'*UBU ROI*

Comme on l'a vu, les origines d'*Ubu roi* remontent aux années où Jarry fréquente le lycée de Rennes. Il a quinze ans lorsqu'il fait la connaissance des frères Henri et Charles Morin. Il monte avec eux la pièce *Les Polonais*, inspirée de poèmes satiriques, d'illustrations grivoises et de fragments de dialogues que plusieurs générations d'élèves ont produits grâce à leur source d'inspiration : le professeur de physique, M. Hébert, que l'on surnomme P. H., le Père Heb, Eb, Ebé, Ebon, Ebance ou Ebouille – le Père Ubu n'est pas loin ! La pièce *Les Polonais* est interprétée par les marionnettes du Théâtre des Phynances, un théâtre amateur fondé par les trois acolytes. Elle sera montée à partir de 1888 tour à tour chez Jarry et dans le grenier des frères Morin.

À l'automne 1891, après son déménagement à Paris, Jarry se sert de son petit appartement (le « calvaire du trucidé ») comme atelier d'écriture tout en poursuivant ses études. S'inspirant des *Polonais*, il crée les premières versions d'une pièce qui deviendra *Ubu roi* et en organise des représentations. En 1894, il présente sa création à un public restreint : les familiers du salon littéraire tenu par son amie Rachilde. Elle plaît beaucoup. *Ubu roi* sera publié en avril 1896 dans *Le Livre d'art*, une revue littéraire française symboliste, puis à nouveau, quelques mois plus tard, au *Mercure de France*, une revue d'avant-garde dirigée par son ami Alfred Vallette.

Il faut donc voir dans le long titre donné à son œuvre (*Ubu roi, drame en cinq actes en prose restitué en son intégrité tel qu'il a été représenté par les marionnettes du Théâtre des Phynances en 1888*) un clin d'œil à sa source d'inspiration, c'est-à-dire une farce rédigée par des lycéens pour se moquer de leur professeur.

Ce dessin, issu de la plume d'Alfred Jarry, date du séjour de l'auteur au lycée de Rennes, en 1896. Il caricature un professeur nommé Ibert ou Hébert, qui a probablement inspiré le personnage du Père Ubu.

LA SPHÈRE LITTÉRAIRE AU XIXᵉ SIÈCLE

Pour comprendre l'effet que provoquera la première représentation de la pièce, il convient d'expliquer ce qu'est la scène littéraire de la fin du XIXᵉ siècle. Celle-ci se partage en deux écoles de pensée. D'un côté, certains auteurs poursuivent l'idéal des réalistes*. Fidèles à leurs prédécesseurs (Stendhal [1783-1842], Honoré de Balzac [1799-1850], Gustave Flaubert [1821-1880]), les naturalistes* se donnent comme objectif de dépeindre la réalité sans l'idéaliser. Cependant, ils vont encore plus loin en proposant de subordonner la création romanesque à une méthode inspirée des sciences naturelles. Pour Émile Zola (1840-1902), principal fondateur et théoricien de ce mouvement, le romancier est un expérimentateur, et son œuvre constitue un laboratoire. Dans l'autre camp, en réaction contre cette école, se regroupent les symbolistes* (Stéphane Mallarmé [1842-1898], Paul Verlaine [1844-1896], Arthur Rimbaud [1854-1891]). Au concret, ces artistes préfèrent l'abstrait ; à l'objet, ils préfèrent l'idée. Ainsi, ils présentent le réel dans leurs œuvres, mais uniquement à titre de symbole, c'est-à-dire afin d'exprimer des idées ne pouvant être perçues par les sens. C'est à cette école littéraire qu'appartient Jarry.

LE THÉÂTRE À LA FIN DU XIXᵉ SIÈCLE

Qu'en est-il du théâtre à cette époque ? Lui aussi est modelé par différentes conceptions. Celle qui domine fait du théâtre un art populaire, au sens où il doit plaire au public : c'est le théâtre de boulevard, dont le répertoire est composé de mélodrames* et de vaudevilles*. Les pièces doivent créer une illusion de vraisemblance : dans cet esprit, les décors sont construits de manière à reproduire des lieux reconnaissables par le public, les costumes que portent les acteurs sont conformes à la position sociale de leur personnage.

Ce théâtre ne plaît toutefois pas aux réalistes, ceux-ci jugeant qu'il ne représente pas fidèlement la réalité. Il faut dire que le jeu des acteurs est stéréotypé et que les intrigues contenues dans les pièces n'ont rien à voir avec la vie réelle. Les réalistes vont donc proposer un tout autre type de production. En 1887, avec le soutien d'Émile

Zola, André Antoine (1858-1943) crée le Théâtre-Libre, qui monte des pièces adaptées de romans naturalistes ou écrites par des auteurs français ou étrangers liés au naturalisme*. On y applique également les principes de ce mouvement à la mise en scène. En plus de porter le plus grand soin au choix des décors et costumes, Antoine entraîne ses comédiens à jouer avec naturel. Tout effet de style étant évacué, les pièces deviennent la reproduction de véritables tranches de vie et correspondent ainsi à l'idéal des réalistes.

Les symbolistes vont, eux aussi, créer un théâtre fidèle à leur recherche esthétique. En 1893, Aurélien Lugné-Poë (1869-1940) crée le Théâtre de l'Œuvre afin de donner une scène à des productions d'avant-garde qui diffèrent radicalement de celles des naturalistes. Brisant avec la tradition théâtrale, le Théâtre de l'Œuvre met à l'affiche des pièces qui rejettent toute illusion de réalisme : les décors y sont réduits à leur plus simple expression et ne représentent que des lieux abstraits ; les comédiens portent des costumes intemporels et leur jeu est très stylisé (par exemple, certains dialogues sont chantés). Les productions symbolistes donnent ainsi à voir sur scène un univers poétique et onirique fidèle à leur vision de l'art.

Il n'est donc pas étonnant que ce soit le Théâtre de l'Œuvre qui présente *Ubu roi* ; après tout, Jarry fréquente les cercles symbolistes depuis son arrivée à Paris. On retrouve ainsi dans *Ubu roi* divers procédés visant à enlever toute vraisemblance à la pièce : la déshumanisation des personnages, l'accélération de l'intrigue et la mécanisation des actions en sont des exemples.

Le désir de l'auteur de détruire toute illusion de réalisme est évident non seulement dans le texte de sa pièce, mais aussi dans les propositions qu'il soumet à son metteur en scène, Lugné-Poë. Jarry préconise l'utilisation de marionnettes et de chevaux en carton. Il suggère, en guise de décor, un fond uni sur lequel on accrochera des pancartes indiquant le nom des lieux. Il souhaite que les acteurs adoptent un style de jeu mécanique évoquant le jeu saccadé des marionnettes du guignol. Tous les moyens doivent être mis en œuvre pour rappeler au spectateur qu'il est au théâtre, c'est-à-dire dans un univers qui n'a rien de réel. Le Père Ubu ne doit donc pas être perçu comme une représentation d'un être vivant, mais plutôt comme un symbole des aspects les plus sombres de l'âme humaine. Cependant, le caractère grotesque de la pièce la distingue des œuvres symbolistes. Sur ce plan, elle est vraiment en avance sur son temps.

LA PREMIÈRE REPRÉSENTATION D'*UBU ROI*

C'est le côté très avant-gardiste d'*Ubu roi* qui provoque un grand scandale lors de la première représentation, le 10 décembre 1896. En fait, le ton est donné durant la générale. Bien que composé d'amis d'Alfred Jarry, le public réagit négativement au troisième acte, en voyant la façon dont est représentée la prison dans laquelle est enfermé le Capitaine Bordure : la porte est figurée par le bras d'un acteur, que le Père Ubu fait pivoter de quatre-vingt-dix degrés. Cette façon de faire appel à l'imagination du spectateur est alors perçue comme une insulte à son intelligence.

Le soir de la première, c'est le « merdre » tonitruant, que lance le Père Ubu dès la réplique initiale de la pièce, qui constitue le coup d'envoi du scandale que déclenche *Ubu roi*. Des spectateurs quittent la salle ; d'autres huent. Certains, dont les avis divergent, se battent ; leur vacarme domine les timbales et les trombones de l'orchestre. Dans les journaux, les critiques sont diamétralement opposées. Alors que certains condamnent la pièce, croyant que Jarry se moque du public, d'autres saluent l'audace du jeune auteur et rient de bon cœur devant les frasques du Père Ubu.

Les représentations d'*Ubu roi* sont donc rapidement interrompues. Alfred Jarry se réjouit de ce qu'il considère comme un succès, car il a atteint son objectif : choquer (et peut-être conscientiser) certains spectateurs avec une pièce qui, pour une des rares fois de l'histoire de la dramaturgie française, ne cherche pas à plaire. Cependant, sur le plan financier, il en va tout autrement : cet échec mènera Jarry à la ruine.

Du vivant de l'auteur, il n'y aura d'ailleurs que deux autres productions de la pièce. La première reprise aura lieu en 1898, au Théâtre des Pantins. Il s'agit d'une scène expérimentale minuscule, nouvellement lancée par Claude Terrasse [1], un collaborateur de Jarry. Cette fois, le vœu initial de l'auteur est exaucé : les personnages sont interprétés par des marionnettes, et il manipule lui-même les fils de certaines d'entre elles. Il doit cependant accepter que la version jouée dans ce théâtre soit censurée, c'est-à-dire dépouillée de toute expression contenant le mot « merdre [2] » (à l'exception de la réplique initiale du Père Ubu). Il n'y aura qu'une dizaine de représentations, car le Théâtre des Pantins cesse ses activités quelques mois plus tard.

La seconde reprise, qui a lieu en novembre 1901, obtient plus de succès. Il s'agit d'une version écourtée d'*Ubu roi* (deux actes seulement), intitulée *Ubu sur la Butte*, qui est présentée à nouveau par l'entremise de marionnettes, celles du Théâtre Guignol des Gueules de bois au Cabaret des Quat'z-arts. Cet établissement, situé à Montmartre près du Moulin-Rouge, est une scène où se produisent d'importants artistes de l'avant-garde. *Ubu sur la Butte* y obtient un succès critique et public : soixante-quatre représentations auront lieu.

LE PERSONNAGE D'UBU DANS LA VIE ET L'ŒUVRE DE JARRY

Ubu roi n'est pas le seul texte de Jarry qui met en scène son personnage fétiche. En effet, dans la farce *Ubu cocu*, le protagoniste subit les infidélités de son épouse. Cette pièce a été écrite par Jarry vers 1890 (un peu avant *Les Polonais*, la toute première version d'*Ubu roi*). Elle ne sera pas publiée du vivant de l'auteur. En 1900, *Ubu enchaîné* est publié aux éditions de La Revue blanche. Le Père Ubu, las d'être roi, y entreprend de devenir esclave (le titre parodie celui d'une tragédie grecque antique, *Prométhée enchaîné*, d'Eschyle) ! Parallèlement à ces pièces, Alfred Jarry publiera les almanachs du Père Ubu en 1898 et en 1901. Ces livres sont constitués de calendriers, de recettes « pour teindre les cheveux en vert », de dialogues et d'anecdotes narrées par son célèbre personnage. Il faut dire qu'à l'époque les almanachs sont

---

1. Claude Terrasse est un compositeur d'opérettes (1867-1925) qui s'est lié, au début de sa carrière, au théâtre d'avant-garde. Il a écrit la musique de scène de cette version d'*Ubu roi*.

2. Le mot revient trente-quatre fois dans la pièce…

très populaires. Il s'agit de publications humoristiques peu coûteuses mettant en scène un personnage typique. On peut voir là le désir de Jarry d'échapper au monde fermé de l'avant-garde littéraire.

Notons également que Jarry prendra plaisir à s'associer à son personnage. En public et dans sa correspondance, il en adoptera le ton et le langage, parlera de lui-même à la troisième personne et se désignera sous le nom de Père Ubu.

L'HÉRITAGE DE JARRY

Si la pièce de Jarry connaît surtout une notoriété posthume, c'est qu'elle est quelque peu en marge des productions de son époque. En fait, l'évolution de la scène littéraire fera apparaître son créateur comme un véritable précurseur de différents mouvements littéraires du XXe siècle. Plusieurs auteurs se réclameront de lui et se proclameront ses héritiers. Voici un bref survol de la contribution d'*Ubu roi* à l'apparition de ces mouvements.

Mouvement et époque	Principaux représentants	Ce qui les inspire dans Ubu roi	Caractéristiques du mouvement en lien avec l'œuvre de Jarry
• Théâtre d'avant-garde, aussi appelé théâtre expérimental (début du XXe siècle jusqu'à nos jours)	• Antonin Artaud (1896-1948) • Bertolt Brecht (1898-1956)	• Le désir évident de Jarry de provoquer l'auditoire : – le « merdre » initial lancé par le Père Ubu à la face du public ; – la vulgarité du discours ; – la cruauté dont font preuve les personnages ; – le bris de l'illusion de réalisme.	• Alors que le théâtre traditionnel présente un conflit qui est résolu sur scène, le théâtre d'avant-garde préfère entrer en conflit avec le public. Le but avoué de la représentation est de choquer l'auditoire et de bouleverser sa perception du monde.

Mouvement et époque	Principaux représentants	Ce qui les inspire dans Ubu roi	Caractéristiques du mouvement en lien avec l'œuvre de Jarry
• Surréalisme*	• Guillaume Apollinaire (1880-1918) • Louis Aragon (1897-1982) • André Breton (1896-1966) • Paul Eluard (1895-1952) • Jacques Prévert (1900-1977) • Boris Vian (1920-1959)	• L'exaltation d'une liberté hors des conventions morales ; l'expression des pulsions les plus brutes : violence, avidité, lâcheté. • Les touches d'humour noir, c'est-à-dire l'évocation de choses horribles ou contraires à la morale avec un ton détaché.	• Pour les surréalistes, l'écriture permet de se libérer : – des contraintes sociales ; – des inhibitions ; – de l'emprise de la raison.
• Théâtre* de l'absurde (1945-1975)	• Samuel Beckett (1906-1989) • Eugène Ionesco (1909-1994)	• Les personnages unidimensionnels et caricaturaux. • L'enchaînement mécanique de l'action. • La subversion du langage (jeux de mots, néologismes*, etc.).	• Le théâtre de l'absurde présente : – des personnages sans profondeur ni psychologie ; – des pièces sans intrigue ni structure cohérente ; – des dialogues sans but qui ne permettent pas aux personnages de communiquer.

Jarry est également l'auteur d'une science imaginaire, baptisée la 'pataphysique*, qu'il décrit comme «la science des solutions imaginaires, qui accorde symboliquement aux linéaments les propriétés des objets décrits par leur virtualité[1]». Il s'agit en fait d'une science du particulier, de l'exception, qui permet à toute chose ou à tout phénomène d'exister. Concrètement, la 'pataphysique prend la forme de discours scientifiques, philosophiques ou ésotériques. Elle peut également se présenter de façon amusante par des jeux d'esprit. Plusieurs auteurs seront inspirés par les théories qu'elle contient (Raymond Queneau [1903-1976], Boris Vian, Jacques Prévert, Eugène Ionesco) et un bon nombre d'entre eux feront partie du Collège de 'Pataphysique, institué en 1948. Celui-ci, qui est d'ailleurs toujours en opération aujourd'hui, est régi par une structure hiérarchique complexe relevant de l'Ordre de la Grande Gidouille. Le Calendrier 'Pataphysique Perpétuel, imaginé par Jarry dans son deuxième almanach, est également utilisé par les membres de ce collège: les termes qui désignent les différents mois sont des néologismes et des expressions tirés des œuvres de Jarry, comme «décervelage», «palotin», «merdre» et «gidouille».

UBU ROI, UNE ŒUVRE SATIRIQUE

Sous ses apparences de farce grotesque, la pièce *Ubu roi* offre une critique féroce de diverses institutions. Pour mieux comprendre cette dimension de l'œuvre, il est pertinent de décrire en quelques mots l'univers de référence auquel elle s'attaque.

UNE SATIRE POLITIQUE

Jarry est né trois ans après l'instauration de la IIIe République, soit durant une période où la France atteint une stabilité qui lui a fait défaut durant tout le XIXe siècle. En un peu moins de 70 ans, la France

---

1. JARRY, Alfred. *Gestes et opinions du docteur Faustroll, pataphysicien*, coll. «Bibliothèque de la Pléiade», tome 1, Paris, Gallimard, p. 668-669. Ce roman, écrit en 1898, parut en 1911 aux éditions Charpentier.

a, en effet, connu de nombreux changements de régimes politiques : elle a vu se succéder le Premier Empire (1804-1815), la Restauration (1814-1815 ; 1815-1830), la monarchie (constitutionnelle) de Juillet (1830-1848), la IIe République (1848-1852) et le Second Empire (1852-1870). À l'origine de ces changements se trouve une alternance de coups d'État et d'insurrections civiles. Divers partis s'arrachent le pouvoir : orléanistes, légitimistes, libéralistes, bonapartistes, républicains, socialistes, etc.

Cette période d'instabilité a nécessairement entraîné un profond désenchantement, voire un certain cynisme envers la politique. Jusqu'ici, les écrivains avaient davantage commenté la situation en empruntant une plume polémiste et engagée, soit par la rédaction de pamphlets ou de lettres aux journaux. Jarry innove en proposant plutôt une satire. *Ubu roi* comporte tous les procédés propres à ce genre : exagération, caricature, parodie. Le Père Ubu apparaît par l'utilisation de ces procédés comme l'archétype grotesque de tous les hommes politiques assoiffés de pouvoir.

UNE SATIRE LITTÉRAIRE

À l'époque où Jarry fréquente le lycée, l'enseignement des langues se fait par le truchement de la littérature : les élèves étudient les classiques des auteurs latins, grecs, anglais et français. Issu de cet univers de connaissances, *Ubu roi* regorge d'allusions à ce répertoire. Le titre, par exemple, parodie celui d'une tragédie grecque antique, *Œdipe roi,* de Sophocle. Certaines parties de l'intrigue d'*Ubu roi* offrent de nombreuses similitudes avec les pièces *Hamlet* et *Macbeth*, de Shakespeare, de même qu'avec des pièces du théâtre classique français du XVIIe siècle. La récupération qu'en fait Jarry transforme les actions sérieuses et solennelles de ces tragédies en bouffonneries.

Plus encore, Jarry parodie le discours dramatique et épique. En effet, la langue qu'emploient les personnages de cette pièce contient de nombreuses expressions qui ne sont plus en usage au XIXe siècle et qu'on ne retrouve que dans des textes littéraires plus anciens. Par exemple, les appellations « sire » et « seigneur », que le Père Ubu adresse à ses soldats, évoquent le discours d'un homme de l'époque médiévale, de même que le verbe « estocader » (ligne 711). La graphie de certains mots est ancienne, par exemple, « estes » (ligne 2) pour « êtes ». Ces archaïsmes pourraient témoigner d'une volonté de situer l'action à une époque ancienne, mais il n'en est rien ! La preuve, c'est que de nombreuses constructions n'ont rien d'authentique : elles ont été fabriquées de toutes pièces par Jarry, comme le « assom'je » (ligne 3). On retrouve aussi de nombreuses expressions propres à la langue familière du XIXᵉ siècle, comme l'utilisation du terme « andouille » (ligne 139) pour insulter quelqu'un. La langue des personnages d'*Ubu roi* n'a donc rien d'historiquement authentique. Il faut voir dans l'insertion des archaïsmes une volonté de Jarry de parodier les classiques.

Si tous ces éléments peuvent être perçus par les spectateurs, il en est d'autres formant une satire plus subtile qui ne s'adresse qu'aux lecteurs. Il s'agit du détournement des conventions de l'écriture dramatique. Il est d'usage de présenter, au début d'une pièce, la liste des personnages en les classant par ordre d'importance. Jarry se livre à cet exercice, mais de manière ludique, incluant dans sa liste des êtres non humains (« l'Ours », « le Cheval à phynances » et « la Machine à décerveler ») et des groupes ne pouvant être incarnés sur une scène (« Peuple », « Toute l'armée russe », « Toute l'armée polonaise »). Si les premiers à être nommés dans la liste sont bien présentés dans un ordre qui respecte leur importance, la classification perd rapidement toute logique. Par exemple, « Jean Sobieski », personnage secondaire qui n'a qu'une seule réplique à prononcer dans la pièce, apparaît au onzième rang, bien avant « Giron, Pile et Cotice », hommes de main du Père et de la Mère Ubu. Il est également d'usage de donner au début d'une scène la liste de tous les personnages qui y participent. Or, dans la scène 2 de l'acte IV, Jarry omet de nommer la moitié de ceux qui y sont actifs : la Mère Ubu et ses gardes ! Dans la scène 3 du même acte, il se contente de mentionner qu'on retrouvera dans cette scène « L'armée polonaise en marche dans l'Ukraine ». Il ne peut s'agir d'un oubli puisque ces omissions n'ont pas été corrigées par Jarry dans les rééditions subséquentes de son œuvre.

UNE SATIRE DU LANGAGE

Réfractaire à toutes les conventions, Jarry s'est aussi attaqué à l'immuabilité de la langue. De toutes les conventions qui régissent la société, c'est la plus importante : le sens des mots est établi, leur orthographe est fixée et la syntaxe doit obéir à des règles strictes. De plusieurs façons, *Ubu roi* se moque de ces conventions.

Les néologismes

À maintes reprises, Jarry change volontairement la graphie de certains mots connus (« phynance ») ou la déforme légèrement (« oneille », « merdre »). L'intention première est évidemment de provoquer. Toutefois, l'auteur justifie aussi ces entorses par son désir de faire ressortir l'appartenance des mots à l'univers ubuesque. Dans le monde d'*Ubu roi*, la « Phynance » n'est pas la « finance », soit l'ensemble des revenus et dépenses d'un État. La différence graphique indique au lecteur qu'il s'agit d'autre chose : l'ensemble des ressources dont le Père Ubu désire s'emparer.

Les néologismes servent également à désigner des objets qui n'ont pas d'équivalent dans notre réalité : qu'est-ce qu'un « couteau à figure », un « voiturin à phynances », un « crochet à Nobles » ? L'absence de définition de ces expressions force le lecteur à imaginer leur utilité. Leur pouvoir d'évocation est cependant indéniable : peu importe la façon dont on imagine le fonctionnement d'une « machine à décerveler », l'objet reste sinistre ! La peur se nourrissant de l'inconnu, l'ensemble de ces éléments étranges finit par constituer un arsenal bien menaçant.

Le Père Ubu se distingue particulièrement par son usage de néologismes lorsque vient le temps d'insulter ses opposants (« bouffre »), de jurer (« de par ma chandelle verte ») ou de désigner son ventre (« gidouille »). Puisque l'usage de mots inventés est une caractéristique du langage des enfants, ce vocabulaire accentue la dimension infantile du Père Ubu. Néanmoins, il est également possible d'y voir une manifestation de la toute-puissance du personnage, qui se donne le droit de briser toutes les règles, y compris celles du langage.

Les jeux de mots

Tout au long de la pièce, le Père Ubu multiplie les calembours*, qui sont d'ordinaire considérés comme des mots d'esprit. Or, Jarry s'en sert plutôt pour faire ressortir la bêtise de son personnage. Les calembours surgissent ainsi comme preuve que le Père Ubu ne sait pas distinguer le sens exact des mots selon le contexte. La scène 4 de l'acte IV est représentative à cet égard : le Père Ubu se méprend sur le sens de tous les termes de marine employés par le commandant. Justifiés par la sottise du personnage, les calembours permettent à Jarry d'opérer un véritable détournement du langage.

UNE SATIRE DES MŒURS BOURGEOISES

À une époque où l'on observe encore au théâtre les règles de bien-séance, le vocabulaire des personnages d'*Ubu roi* avait un réel potentiel de créer un scandale. Le « merdre » initial lancé par le Père Ubu transgressait un véritable tabou. Au XIXᵉ siècle, toute allusion au « bas » corporel, soit aux fonctions digestives, aux excré-ments et au sexe, était bannie non seulement sur scène, mais égale-ment dans le discours de la bonne société. Or, le Père Ubu multi-plie les mentions de sa « corne », de son ventre, de sa « merdre ». La Mère Ubu parle de son « cul ». Un tel discours avait de quoi cho-quer profondément les spectateurs habitués à un langage beaucoup plus châtié.

Sur ce plan, Jarry se présente comme l'héritier de Rabelais (1483-1553), auteur des célèbres romans *Pantagruel* (1532) et *Gargantua* (1534). L'œuvre de cet écrivain de la Renaissance se distingue en effet par son langage paillard et scatologique. Pour Jarry comme pour Rabelais, la vulgarité a cependant une fonction bien précise : le renversement des valeurs en place. Cette opération de retournement par le rire sert à l'émergence de nouvelles idées.

On peut également relever dans la satire religieuse une critique des pratiques de la bourgeoisie. Bien que, depuis la Révolution française, le catholicisme ait perdu de sa puissance en France, les membres les plus fortunés de la société observent toujours les rites chrétiens. Jarry s'attaque à l'hypocrisie de ces pratiques, notamment lorsque le Père Ubu récite son « Notre Père » tandis que ses hommes se battent contre l'ours, à la scène 6 de l'acte VI.

LA POLOGNE IMAGINAIRE DE JARRY

Dans un texte qu'il rédige pour présenter sa pièce [1], l'auteur explique que « l'action se passe en Pologne, pays assez légendaire et démembré pour être [...] Nulle Part ». Pour comprendre ce choix, il faut savoir que, à l'époque où Jarry crée *Ubu roi*, la Pologne n'apparaît plus sur aucune carte géographique de l'Europe depuis déjà un siècle. En effet, affaibli par des invasions et un régime politique inefficace, ce pays est partagé à trois reprises à la fin du XVIIIe siècle. À chacune de ces partitions, des portions de plus en plus grandes de son territoire sont rattachées à ses voisins (la Russie, l'Autriche et la Prusse [2]). C'est ainsi qu'après le dernier partage, celui de 1795, cette contrée cesse complètement d'exister. Pour le spectateur du XIXe siècle, elle appartient donc bel et bien au passé.

Le royaume de Pologne évoqué dans *Ubu roi* correspond-il à celui ayant existé autrefois? Sur le plan géographique, les titres possédés par les Nobles dans la scène 5 de l'acte II évoquent un vaste territoire, très similaire à celui occupé par la Pologne entre la fin du XVIe et du XVIIIe siècles. Uni au Grand-Duché de Lituanie, le royaume de la Pologne se nomme, à compter de 1569, la République des Deux Nations. Les deux gouvernements

---

1. « Autre présentation d'*Ubu roi* », dans JARRY, Alfred. *Œuvres complètes*, coll. « Bibliothèque de la Pléiade », tome 1, Paris, Gallimard, p. 401.

2. La Prusse est un royaume de l'est de l'Europe, constitué en 1701 par Frédéric Ier, et qui atteint l'apogée de sa puissance au XIXe siècle. La Prusse redeviendra un simple État lorsque l'Allemagne instaurera la république à la suite de la défaite de 1918.

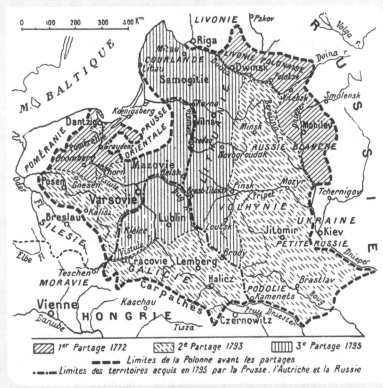

La Pologne, avant les partages de 1772-1793 et de 1795.

forment une république fédérale aristocratique, c'est-à-dire une sorte de monarchie constitutionnelle contrôlée par la noblesse. En plus du territoire actuel de la Pologne, de la Lituanie et de la Biélorussie, la République des Deux Nations comprend aussi une importante partie de l'Ukraine et de la Lettonie.

Comme tout lycéen de l'époque, Jarry a suivi des cours d'histoire et de géographie de l'Europe, qui lui donnent les connaissances suffisantes pour situer l'action de sa pièce dans la Pologne d'autrefois. Toutefois, l'auteur « [...] ne [trouve] pas honorable de construire des pièces historiques [1] ». Ajoutons aussi que l'histoire est sa matière faible ; c'est peut-être pour cette raison qu'il prend tant de plaisir à brouiller les pistes ! Des exemples ? Il fait se côtoyer des personnages historiques qui ont existé à des époques différentes (le général Lascy, qui a vécu au XVIIIe siècle, et Jean III Sobieski, au XVIIe). Il attribue au Père Ubu un titre antérieur de roi d'Aragon, qui a été en usage jusqu'en 1515 seulement, mais il situe le palais royal polonais à Varsovie, ce qui indique que l'action ne peut se passer avant 1596 (la résidence des rois polonais se trouvant, avant cette date, à Cracovie). Bref, comme on peut le voir, la Pologne créée par Jarry est plus mythique qu'historique !

QUELQUES PRÉCISIONS PRATIQUES

Nous avons retenu comme texte de référence celui établi par Michel Arrivé aux éditions Gallimard, dans la collection « Bibliothèque de la Pléiade ». Il s'agit de la pièce parue originellement aux éditions du Mercure de France en 1896, soit près de six mois avant la première représentation d'*Ubu roi*.

En général, les notes de bas de page servent à préciser le sens de mots, d'expressions, d'allusions culturelles ou historiques et de jeux de mots obscurs pour le lecteur moderne. Sauf exceptions, par exemple dans le cas d'une définition trop longue ou trop complexe, les mots qu'on retrouve dans *Le Petit Robert* et dans *Le Petit Robert des noms propres* ne sont pas définis. Les notes sont reprises, au besoin, pour chaque acte, à la première entrée

---

1. « Autre présentation d'*Ubu roi* », dans JARRY, Alfred. *Op. cit.*, p. 402.

du mot. Plusieurs ouvrages ont été consultés pour leur rédaction : la version électronique du *Petit Robert* (2001), la version électronique du *Dictionnaire Littré* (Hachette, 1877), le *Dictionnaire historique de la langue française* (Alain Rey, 1992), le *Dictionnaire universel* de Furetière (1690), le *Dictionnaire de l'Académie* (1932-35).

Nous avons également jugé bon de constituer un Lexique des termes appartenant à l'univers d'*Ubu roi*, présenté à l'annexe I. On y trouvera une proposition de définitions d'objets, d'explications de noms de certains personnages ainsi que des expressions qui colorent le langage du Père Ubu. La création de ce lexique nous est apparue nécessaire pour ne pas alourdir la lecture de la pièce par de trop nombreuses notes de bas de page. De plus, le fait d'avoir regroupé les termes nous a permis de proposer des sources possibles aux néologismes et mots*-valises inventés par Jarry et de faire ressortir leurs liens sémantiques. Les mots définis dans ce lexique sont signalés, au fil des pages, par une pastille noire (•). De la même manière que pour les notes de bas de page, les pastilles sont reprises, pour chaque acte, à la première entrée du mot.

Enfin, le lecteur trouvera dans la liste des personnages, qui est donnée au début de la pièce, certains personnages historiques dont les noms sont expliqués dans des notes de bas de page. Par souci de clarté, nous n'avons pas cru bon de répéter ces notes ; le lecteur est invité à s'y référer au besoin.

Ubu roi

Première partie

DRAME EN CINQ ACTES
EN PROSE

D<small>RAME EN CINQ ACTES EN PROSE</small>
Restitué en son intégrité tel qu'il a été représenté par
les marionnettes du Théâtre des Phynances en 1888[1].

C<small>E DRAME EST DÉDIÉ À</small> M<small>ARCEL</small> S<small>CHWOB</small>[2]
«Adonc le Père Ubu hoscha la poire, dont fut depuis nommé
par les Anglois Shakespeare[3], *et avez de lui sous ce nom*
maintes belles tragoedies par escript.»

Personnages

P<small>ÈRE</small> U<small>BU</small>
M<small>ÈRE</small> U<small>BU</small>
C<small>APITAINE</small> B<small>ORDURE</small>•[4]
L<small>E</small> R<small>OI</small> V<small>ENCESLAS</small>[5]
L<small>A</small> R<small>EINE</small> R<small>OSEMONDE</small>•
B<small>OLESLAS</small>[6]
L<small>ADISLAS</small>[7]   } *leurs fils*
B<small>OUGRELAS</small>•

---

1. Théâtre des Phynances en 1888: allusion aux origines de la pièce; voir l'introduction, p. 6.

2. Marcel Schwob: écrivain français (1867-1905), ami et premier éditeur des textes d'Alfred Jarry.

3. Adonc le Père Ubu hoscha la poire, dont fut depuis nommé par les Anglois Shakespeare: au XIXe siècle, une polémique avait été lancée sur l'identité réelle de William Shakespeare (1564-1616), le plus grand dramaturge de langue anglaise. Plusieurs avaient défendu l'idée que Shakespeare n'avait tout simplement pas existé ou que ce nom n'était qu'un pseudonyme. Jarry éclaircit le mystère en sa faveur, dans une citation inventée de toutes pièces et rédigée dans un style similaire à celui du français du XVIe siècle: c'est le Père Ubu qui se dissimule sous le pseudonyme de Shakespeare («hoscha la poire»: «shakes pear»).

4. Nous avons regroupé dans un lexique, à la fin de l'ouvrage, les mots, les expressions et les noms de personnage qui appartiennent à l'univers d'*Ubu roi*. Ces mots, expressions et noms sont signalés, à leur première entrée, pour chaque acte, par une pastille noire.

5. *Le Roi Venceslas*: (ou Wenceslas) nom de plusieurs rois de Bohême. Le premier est saint Wenceslas (907-929).

6. *Boleslas*: (ou Bosleslaw) nom de plusieurs rois polonais dont la généalogie se divise en plusieurs branches. Le premier roi est Boleslas Ier dit le Vaillant (966-1025).

7. *Ladislas*: nom de plusieurs rois polonais dont la généalogie se divise en différentes branches. Le premier est Ladislas Ier Herman (1043-1102).

Le Général Lascy[1]
Stanislas Leczinski[2]
Jean Sobieski[3]
Nicolas Rensky[*]
L'Empereur Alexis[4]
Giron[*] ⎫
Pile[*]   ⎬ *Palotins*[*]
Cotice[*] ⎭
Conjurés *et* Soldats
Peuple
Michel Fédérovitch[5]
Nobles
Magistrats
Conseillers
Financiers
Larbins[*] de Phynances
Paysans
Toute l'Armée Russe
Toute l'Armée Polonaise
Les Gardes de la Mère Ubu
Un Capitaine
L'Ours
Le Cheval[*] à Phynances
La Machine à Décerveler
L'Équipage
Le Commandant

---

1. *Le Général Lascy* : Pierre, comte de Lascy (1678-1751), feld-maréchal russe qui fut successivement au service de la Russie et de la Pologne.

2. *Stanislas Leczinski* : (ou Leszczyński ; 1677-1766) roi de Pologne et père de Marie Leszczyńska, épouse de Louis XV et reine de France.

3. *Jean Sobieski* : (ou Sobiesky) Jean III Sobieski (1629-1696), roi de Pologne (1674-1696).

4. *L'Empereur Alexis* : à l'acte III, scène 6, le texte parle plutôt du tsar Alexis Ier Mikhaïlovitch (1629-1676). Il succède à son père, Michel III Fedorovitch, comme empereur de Russie, et est le père de Pierre le Grand.

5. *Michel Fédérovitch* : (ou Fedorovitch) allusion possible à Michel III Fedorovitch (1596-1645), premier tsar de la dynastie des Romanov. Il fut en guerre contre la Pologne jusqu'en 1634. Il est le père de l'empereur Alexis.

Rémy Girard et Marie Tifo incarnant le Père Ubu et la Mère Ubu. Mise en scène de Normand Chouinard, Théâtre du Nouveau Monde, Montréal, avril 2007.

© Photo : Yves Renaud

ACTE I

Scène 1
Père Ubu, Mère Ubu

Père Ubu

Merdre•!

Mère Ubu

Oh! voilà du joli, Père Ubu, vous estes[1] un fort grand voyou.

Père Ubu

Que ne vous assom'je[2], Mère Ubu!

Mère Ubu

Ce n'est pas moi, Père Ubu, c'est un autre qu'il faudrait assassiner.

Père Ubu

De par ma chandelle• verte, je ne comprends pas.

Mère Ubu

Comment, Père Ubu, vous estes content de votre sort?

Père Ubu

De par ma chandelle verte, merdre, madame, certes oui, je suis content. On le serait à moins: capitaine de dragons, officier de confiance du roi Venceslas, décoré de l'ordre de l'Aigle Rouge[3] de Pologne et ancien roi d'Aragon[4], que voulez-vous de mieux?

Mère Ubu

Comment! Après avoir été roi d'Aragon vous vous contentez de mener aux revues une cinquantaine d'estafiers armés de

---

1. *estes*: graphie archaïque du verbe *être*.

2. *assom'je*: parodie de construction syntaxique archaïque: «Que ne vous assommai-je?» pour: «J'aurais dû vous assommer.» Le remplacement du «je» pour un «'j» accentue l'effet parodique.

3. *ordre de l'Aigle Rouge*: référence possible à la franc-maçonnerie, plus particulièrement au grade de Chevalier de l'Aigle Rouge. De plus, le blason royal de la Pologne présente un aigle blanc sur un écu rouge.

4. *ancien roi d'Aragon*: voir à ce sujet l'introduction, p. 21.

coupe-choux, quand vous pourriez faire succéder sur votre fiole la couronne de Pologne à celle d'Aragon ?

PÈRE UBU

15 Ah ! Mère Ubu, je ne comprends rien de ce que tu dis.

MÈRE UBU

Tu es si bête !

PÈRE UBU

De par ma chandelle verte, le roi Venceslas est encore bien vivant ; et même en admettant qu'il meure, n'a-t-il pas des légions d'enfants ?

MÈRE UBU

20 Qui t'empêche de massacrer toute la famille et de te mettre à leur place ?

PÈRE UBU

Ah ! Mère Ubu, vous me faites injure et vous allez passer tout à l'heure par la casserole[1].

MÈRE UBU

Eh ! pauvre malheureux, si je passais par la casserole, qui te raccom-
25 moderait tes fonds de culotte ?

PÈRE UBU

Eh vraiment ! et puis après ? N'ai-je pas un cul comme les autres ?

MÈRE UBU

À ta place, ce cul, je voudrais l'installer sur un trône. Tu pourrais augmenter indéfiniment tes richesses, manger fort souvent de l'andouille et rouler carrosse par les rues[2].

---

1. *passer […] par la casserole* : le *Dictionnaire historique de la langue française* mentionne que l'expression est attestée à partir de 1906, dans le sens de « être mis dans une mauvaise posture […] par allusion aux volailles que l'on tue pour les faire cuire », mais qu'elle conserve également le sens de « subir des violences sexuelles ». Le *Littré* précise que l'expression, dans un sens plus ancien, signifie subir un traitement antivénérien. Marie-France Azéma (*Ubu roi d'Alfred Jarry*, Paris, Librairie Générale Française, 2000) relève la fusion des expressions « passer par les armes » et « passer à la casserole ».

2. *rouler carrosse par les rues* : au sens figuré, l'expression « rouler carrosse » signifie vivre dans l'aisance. La Mère Ubu ajoute « par les rues », ce qui renvoie plutôt au sens propre.

PÈRE UBU

Si j'étais roi, je me ferais construire une grande capeline[1] comme
celle que j'avais en Aragon et que ces gredins d'Espagnols m'ont
impudemment volée.

MÈRE UBU

Tu pourrais aussi te procurer un parapluie et un grand caban qui
te tomberait sur les talons.

PÈRE UBU

Ah! je cède à la tentation. Bougre[2] de merdre, merdre* de bougre,
si jamais je le rencontre au coin d'un bois, il passera un mauvais
quart d'heure.

MÈRE UBU

Ah! bien, Père Ubu, te voilà devenu un véritable homme.

PÈRE UBU

Oh non! moi, capitaine de dragons, massacrer le roi de Pologne!
plutôt mourir!

MÈRE UBU, *à part.*

Oh! merdre! (*Haut.*) Ainsi, tu vas rester gueux comme un rat,
Père Ubu?

PÈRE UBU

Ventrebleu[3], de par ma chandelle verte, j'aime mieux être gueux
comme un maigre et brave rat que riche comme un méchant et
gras chat.

MÈRE UBU

Et la capeline? et le parapluie? et le grand caban?

---

1. *construire une grande capeline*: dans le contexte, la capeline désigne une sorte de
   capuchon contre la pluie ayant deux parties différentes. L'utilisation du mot *construire*
   renvoie au sens ancien d'*agencer*.

2. *Bougre*: «Celui qui se livre à la débauche contre nature: dénomination venue de ce que
   les haines populaires accusaient les hérétiques de désordres infâmes.» (*Littré*)

3. *Ventrebleu*: «Espèce de juron euphémique pour ventre de Dieu.» (*Littré*)

PÈRE UBU

Eh bien, après, Mère Ubu?

Il s'en va en claquant la porte.

MÈRE UBU, *seule.*

Vrout•, merdre, il a été dur à la détente, mais vrout, merdre, je crois pourtant l'avoir ébranlé. Grâce à Dieu et à moi-même, peut-être dans huit jours serai-je reine de Pologne.

SCÈNE 2

La scène représente une chambre[1] de la maison de Père Ubu où une table splendide est dressée.

PÈRE UBU, MÈRE UBU

MÈRE UBU

Eh! nos invités sont bien en retard.

PÈRE UBU

Oui, de par ma chandelle verte. Je crève de faim. Mère Ubu, tu es bien laide aujourd'hui. Est-ce parce que nous avons du monde?

MÈRE UBU, *haussant les épaules.*

Merdre.

PÈRE UBU, *saisissant un poulet rôti.*

Tiens, j'ai faim. Je vais mordre dans cet oiseau. C'est un poulet, je crois. Il n'est pas mauvais.

MÈRE UBU

Que fais-tu, malheureux? Que mangeront nos invités?

PÈRE UBU

Ils en auront encore bien assez. Je ne toucherai plus à rien. Mère Ubu, va donc voir à la fenêtre si nos invités arrivent.

---

1. chambre: «I Pièce. **1** ♦ Vx Pièce d'habitation. ⇒ pièce, salle.» (*Le Petit Robert 1*)

> MÈRE UBU, *y allant.*

Je ne vois rien.

Pendant ce temps, le Père Ubu dérobe une rouelle de veau.

> MÈRE UBU

Ah! voilà le Capitaine Bordure• et ses partisans qui arrivent. Que manges-tu donc, Père Ubu?

> PÈRE UBU

Rien, un peu de veau.

> MÈRE UBU

Ah! le veau! le veau! veau! Il a mangé le veau! Au secours!

> PÈRE UBU

De par ma chandelle verte, je te vais arracher[1] les yeux.

La porte s'ouvre.

SCÈNE 3

PÈRE UBU, MÈRE UBU, CAPITAINE BORDURE, *et ses partisans.*

> MÈRE UBU

Bonjour, messieurs, nous vous attendons avec impatience. Asseyez-vous.

> CAPITAINE BORDURE

Bonjour, madame. Mais où est donc le Père Ubu?

> PÈRE UBU

Me voilà! me voilà! Sapristi, de par ma chandelle verte, je suis pourtant assez gros.

---

1. *je te vais arracher*: je vais t'arracher. Parodie de la langue classique, où l'on retrouvait cette inversion du pronom complément lorsque deux verbes se suivaient.

Marie Tifo, Sébastien Dodge et Rémy Girard incarnant respectivement la Mère Ubu, le Capitaine Bordure et le Père Ubu. Mise en scène de Normand Chouinard, Théâtre du Nouveau Monde, Montréal, avril 2007.

© Photo : Yves Renaud

CAPITAINE BORDURE

Bonjour, Père Ubu. Asseyez-vous, mes hommes.

Ils s'asseyent tous.

PÈRE UBU

Ouf, un peu plus, j'enfonçais ma chaise.

CAPITAINE BORDURE

Eh! Mère Ubu! que nous donnez-vous de bon aujourd'hui?

MÈRE UBU

Voici le menu.

PÈRE UBU

Oh! ceci m'intéresse.

MÈRE UBU

Soupe polonaise, côtes de rastron*, veau, poulet, pâté de chien, croupions de dinde, charlotte russe[1]...

PÈRE UBU

Eh! en voilà assez, je suppose. Y en a-t-il encore?

MÈRE UBU, *continuant.*

Bombe[2], salade, fruits, dessert, bouilli, topinambours, choux-fleurs à la merdre.

PÈRE UBU

Eh! me crois-tu empereur d'Orient pour faire de telles dépenses?

MÈRE UBU

Ne l'écoutez pas, il est imbécile.

PÈRE UBU

Ah! je vais aiguiser mes dents contre vos mollets.

MÈRE UBU

Dîne plutôt, Père Ubu. Voilà de la polonaise.

---

1. *charlotte russe*: «charlotte faite de crème fouettée, garnie de petits biscuits» (*Littré*).

2. *Bombe*: dessert ayant une forme sphérique.

PÈRE UBU

85 Bougre, que c'est mauvais.

CAPITAINE BORDURE

Ce n'est pas bon, en effet.

MÈRE UBU

Tas d'Arabes[1], que vous faut-il?

PÈRE UBU, *se frappant le front.*

Oh! j'ai une idée. Je vais revenir tout à l'heure.

Il s'en va.

MÈRE UBU

Messieurs, nous allons goûter du veau.

CAPITAINE BORDURE

90 Il est très bon, j'ai fini.

MÈRE UBU

Aux croupions, maintenant.

CAPITAINE BORDURE

Exquis, exquis! Vive la Mère Ubu!

TOUS

Vive la Mère Ubu!

PÈRE UBU, *rentrant.*

Et vous allez bientôt crier vive le Père Ubu.

Il tient un balai innommable[2] à la main et le lance sur le festin.

MÈRE UBU

95 Misérable, que fais-tu?

---

1. *Arabes*: «Fig. Usurier, homme avide. » (*Littré*)

2. balai innommable: un dessin accompagnant une édition subséquente de la pièce laisse croire que ce balai innommable serait… une brosse à toilettes.

PÈRE UBU

Goûtez un peu.

Plusieurs goûtent et tombent empoisonnés.

PÈRE UBU

Mère Ubu, passe-moi les côtelettes de rastron, que je serve.

MÈRE UBU

Les voici.

PÈRE UBU

À la porte tout le monde ! Capitaine Bordure, j'ai à vous parler.

LES AUTRES

Eh ! nous n'avons pas dîné !

PÈRE UBU

Comment, vous n'avez pas dîné ! À la porte, tout le monde ! Restez, Bordure.

Personne ne bouge.

PÈRE UBU

Vous n'êtes pas partis ? De par ma chandelle verte, je vais vous assommer de côtes de rastron.

Il commence à en jeter.

TOUS

Oh ! Aïe ! Au secours ! Défendons-nous ! malheur ! je suis mort !

PÈRE UBU

Merdre, merdre, merdre. À la porte ! je fais mon effet[1].

---

1. *je fais mon effet* : l'expression a un sens particulier dans le monde du théâtre. Un acteur « fait son effet » lorsque les autres comédiens s'effacent pour le laisser à l'avant-plan ; il a ainsi toute l'attention du public.

TOUS

Sauve qui peut ! Misérable Père Ubu ! traître et gueux voyou !

PÈRE UBU

Ah ! les voilà partis. Je respire, mais j'ai fort mal dîné. Venez, Bordure.

Ils sortent avec la Mère Ubu.

SCÈNE 4

PÈRE UBU, MÈRE UBU, CAPITAINE BORDURE

PÈRE UBU

Eh bien, capitaine, avez-vous bien dîné ?

CAPITAINE BORDURE

110   Fort bien, monsieur, sauf la merdre.

PÈRE UBU

Eh ! la merdre n'était pas mauvaise.

MÈRE UBU

Chacun son goût.

PÈRE UBU

Capitaine Bordure, je suis décidé à vous faire duc de Lithuanie [1].

CAPITAINE BORDURE

Comment, je vous croyais fort gueux, Père Ubu.

PÈRE UBU

115   Dans quelques jours, si vous voulez, je règne en Pologne.

CAPITAINE BORDURE

Vous allez tuer Venceslas ?

PÈRE UBU

Il n'est pas bête, ce bougre, il a deviné.

CAPITAINE BORDURE

S'il s'agit de tuer Venceslas, j'en suis. Je suis son mortel ennemi et je réponds de mes hommes.

----

1. *Lithuanie* : Lituanie.

PÈRE UBU, *se jetant sur lui pour l'embrasser.*
Oh! oh! je vous aime beaucoup, Bordure.

CAPITAINE BORDURE
Eh! vous empestez, Père Ubu. Vous ne vous lavez donc jamais?

PÈRE UBU
Rarement.

MÈRE UBU
Jamais!

PÈRE UBU
Je vais te marcher sur les pieds.

MÈRE UBU
Grosse merdre!

PÈRE UBU
Allez, Bordure, j'en ai fini avec vous. Mais par ma chandelle verte, je jure sur la Mère Ubu de vous faire duc de Lithuanie.

MÈRE UBU
Mais...

PÈRE UBU
Tais-toi, ma douce enfant...

Ils sortent.

SCÈNE 5
PÈRE UBU, MÈRE UBU, UN MESSAGER

PÈRE UBU
Monsieur, que voulez-vous? fichez le camp, vous me fatiguez.

LE MESSAGER
Monsieur, vous êtes appelé de par[1] le roi.

Il sort.

---

1. *de par*: «III ♦ (altér. de 1. *part*) DE PAR: de la part de, au nom de...» (*Le Petit Robert 1*)

PÈRE UBU

Oh! merdre, jarnicotonbleu•, de par ma chandelle verte, je suis découvert, je vais être décapité! hélas! hélas!

MÈRE UBU

Quel homme mou! et le temps presse.

PÈRE UBU

135 Oh! j'ai une idée: je dirai que c'est la Mère Ubu et Bordure.

MÈRE UBU

Ah! gros P.U.[1], si tu fais ça...

PÈRE UBU

Eh! j'y vais de ce pas.

Il sort.

MÈRE UBU, *courant après lui.*

Oh! Père Ubu, Père Ubu, je te donnerai de l'andouille.

Elle sort.

PÈRE UBU, *dans la coulisse.*

Oh! merdre! tu en es une fière, d'andouille.

SCÈNE 6

Le palais du roi.

LE ROI VENCESLAS, *entouré de* SES OFFICIERS;
BORDURE; *les fils du roi* BOLESLAS, LADISLAS
et BOUGRELAS•; *puis* UBU.

PÈRE UBU, *entrant.*

140 Oh! vous savez, ce n'est pas moi, c'est la Mère Ubu et Bordure.

---

1. *P.U.*: initiales du Père Ubu.

LE ROI

Qu'as-tu, Père Ubu?

BORDURE

Il a trop bu.

LE ROI

Comme moi ce matin.

PÈRE UBU

Oui, je suis saoul, c'est parce que j'ai bu trop de vin de France.

LE ROI

Père Ubu, je tiens à récompenser tes nombreux services comme capitaine de dragons, et je te fais aujourd'hui comte de Sandomir[1].

PÈRE UBU

Ô monsieur Venceslas, je ne sais comment vous remercier.

LE ROI

Ne me remercie pas, Père Ubu, et trouve-toi demain matin à la grande revue.

PÈRE UBU

J'y serai, mais acceptez, de grâce, ce petit mirliton.

Il présente au roi un mirliton.

LE ROI

Que veux-tu à mon âge que je fasse d'un mirliton? Je le donnerai à Bougrelas.

LE JEUNE BOUGRELAS

Est-il bête, ce Père Ubu.

PÈRE UBU

Et maintenant, je vais foutre le camp. *(Il tombe en se retournant.)* Oh! aïe! au secours! De par ma chandelle verte, je me suis rompu l'intestin et crevé la bouzine•!

---

1. *Sandomir*: (ou Sendormir) ville portuaire qui abrite l'une des résidences des rois de Pologne.

LE ROI, *le relevant.*
Père Ubu, vous estes-vous fait mal?

PÈRE UBU
Oui certes, et je vais sûrement crever. Que deviendra la Mère Ubu?

LE ROI
160 Nous pourvoirons à son entretien.

PÈRE UBU
Vous avez bien de la bonté de reste.

Il sort.

Oui, mais, roi Venceslas, tu n'en seras pas moins massacré.

SCÈNE 7
La maison d'Ubu.
GIRON •, PILE •, COTICE •, PÈRE UBU, MÈRE UBU,
CONJURÉS *et* SOLDATS, CAPITAINE BORDURE.

PÈRE UBU
Eh! mes bons amis, il est grand temps d'arrêter le plan de la conspiration. Que chacun donne son avis. Je vais d'abord donner
165 le mien, si vous le permettez.

CAPITAINE BORDURE
Parlez, Père Ubu.

PÈRE UBU
Eh bien, mes amis, je suis d'avis d'empoisonner simplement le roi en lui fourrant de l'arsenic dans son déjeuner. Quand il voudra le brouter il tombera mort, et ainsi je serai roi.

TOUS
170 Fi, le sagouin!

PÈRE UBU
Eh quoi, cela ne vous plaît pas? Alors, que Bordure donne son avis.

CAPITAINE BORDURE

Moi, je suis d'avis de lui ficher un grand coup d'épée qui le fendra de la tête à la ceinture[1].

TOUS

Oui! voilà qui est noble et vaillant.

PÈRE UBU

Et s'il vous donne des coups de pied? Je me rappelle maintenant qu'il a pour les revues des souliers de fer qui font très mal. Si je savais, je filerais vous dénoncer pour me tirer de cette sale affaire, et je pense qu'il me donnerait aussi de la monnaie.

MÈRE UBU

Oh! le traître, le lâche, le vilain et plat ladre.

TOUS

Conspuez le Père Ub[2]!

PÈRE UBU

Hé! messieurs, tenez-vous tranquilles si vous ne voulez visiter• mes poches. Enfin je consens à m'exposer pour vous. De la sorte, Bordure, tu te charges de pourfendre le roi.

CAPITAINE BORDURE

Ne vaudrait-il pas mieux nous jeter tous à la fois sur lui en braillant et gueulant? Nous aurions chance ainsi d'entraîner les troupes.

PÈRE UBU

Alors, voilà. Je tâcherai de lui marcher sur les pieds, il regimbera, alors je lui dirai: MERDRE, et à ce signal vous vous jetterez sur lui.

MÈRE UBU

Oui, et dès qu'il sera mort tu prendras son sceptre et sa couronne.

CAPITAINE BORDURE

Et je courrai avec mes hommes à la poursuite de la famille royale.

---

1. *un grand coup d'épée qui le fendra de la tête à la ceinture*: allusion à la pièce *Macbeth* de Shakespeare (1564-1616).

2. *Père Ub*: abréviation familière de Père Ubu.

PÈRE UBU
Oui, et je te recommande spécialement le jeune Bougrelas.

Ils sortent.

PÈRE UBU, *courant après et les faisant revenir.*
Messieurs, nous avons oublié une cérémonie indispensable, il faut jurer de nous escrimer vaillamment[1].

CAPITAINE BORDURE
195 Et comment faire? Nous n'avons pas de prêtre[2].

PÈRE UBU
La Mère Ubu va en tenir lieu[3].

TOUS
Eh bien, soit.

PÈRE UBU
Ainsi, vous jurez de bien tuer le roi?

TOUS
Oui, nous le jurons. Vive le Père Ubu!

---

1. *nous escrimer vaillamment*: « S'escrimer, v. pron. Terme familier. Se battre. […] Fig. S'escrimer des pieds et des mains, faire les plus grands efforts. » (*Littré*)

2. *Nous n'avons pas de prêtre*: le Capitaine sous-entend que le prêtre fait office de témoin de leur serment devant Dieu, car jurer, c'est « [a]ttester (Dieu, une chose sacrée), par serment » (*Le Petit Robert 1*) ; à l'époque évoquée, une personne qui jurait devant un prêtre s'assurait de la réalisation de ses vœux en plus de lier son âme à sa promesse.

3. *va en tenir lieu*: va remplacer le prêtre.

ACTE II

Scène 1
Le palais du roi.

Venceslas, La Reine Rosemonde[•], Boleslas,
Ladislas *et* Bougrelas[•]

Le Roi
Monsieur Bougrelas, vous avez été ce matin fort impertinent avec
M. Ubu, chevalier de mes ordres et comte de Sandomir[1]. C'est
pourquoi je vous défends de paraître à ma revue.

La Reine
Cependant, Venceslas, vous n'auriez pas trop de toute votre famille
pour vous défendre.

Le Roi
Madame, je ne reviens jamais sur ce que j'ai dit. Vous me fatiguez
avec vos sornettes.

Le Jeune Bougrelas
Je me soumets, monsieur mon père.

La Reine
Enfin, sire, êtes-vous toujours décidé à aller à cette revue?

Le Roi
Pourquoi non, madame?

La Reine
Mais, encore une fois, ne l'ai-je pas vu en songe[2] vous frappant de
sa masse d'armes et vous jetant dans la Vistule, et un aigle comme
celui qui figure dans les armes de Pologne[3] lui plaçant la couronne
sur la tête?

---

1. *Sandomir*: (ou Sendormir) ville portuaire qui abrite l'une des résidences des rois
de Pologne.

2. *songe*: allusion à la pièce *Hamlet* de Shakespeare (1564-1616), où le roi apparaît
en songe à son fils Hamlet et le prie de venger sa mort (acte I, scène 5).

3. *armes de Pologne*: un aigle blanc aux ailes déployées et au bec ouvert figure
sur le blason royal de la Pologne.

LE ROI

À qui?

LA REINE

215 Au Père Ubu.

LE ROI

Quelle folie. Monsieur de Ubu est un fort bon gentilhomme, qui se ferait tirer à quatre chevaux[1] pour mon service.

LA REINE *et* BOUGRELAS

Quelle erreur.

LE ROI

Taisez-vous, jeune sagouin. Et vous, madame, pour vous prou-
220 ver combien je crains peu Monsieur Ubu, je vais aller à la revue comme je suis, sans arme et sans épée.

LA REINE

Fatale imprudence, je ne vous reverrai pas vivant.

LE ROI

Venez, Ladislas, venez, Boleslas.

Ils sortent. La reine et Bougrelas vont à la fenêtre.

LA REINE *et* BOUGRELAS

Que Dieu et le grand saint Nicolas vous gardent.

LA REINE

225 Bougrelas, venez dans la chapelle avec moi prier pour votre père et vos frères.

---

1. *se ferait tirer à quatre chevaux*: allusion au supplice de l'écartèlement, qui consistait à attacher les bras et les jambes d'un condamné à quatre chevaux qu'on faisait ensuite aller dans des directions opposées. Par extension, l'expression signifie « être prêt à subir le pire de tous les supplices ».

SCÈNE 2
Le champ des revues.

L'ARMÉE POLONAISE, LE ROI, BOLESLAS, LADISLAS,
PÈRE UBU, CAPITAINE BORDURE* *et ses hommes*,
GIRON*, PILE*, COTICE*.

LE ROI

Noble Père Ubu, venez près de moi avec votre suite pour inspecter les troupes.

PÈRE UBU, *aux siens.*

Attention, vous autres. *(Au roi.)* On y va, monsieur, on y va.

Les hommes d'Ubu entourent le roi.

LE ROI

Ah! voici le régiment des gardes à cheval de Dantzick[1]. Ils sont fort beaux, ma foi.

PÈRE UBU

Vous trouvez? Ils me paraissent misérables. Regardez celui-ci. *(Au soldat.)* Depuis combien de temps ne t'es-tu débarbouillé, ignoble drôle?

LE ROI

Mais ce soldat est fort propre. Qu'avez-vous donc, Père Ubu?

PÈRE UBU

Voilà!

Il lui écrase le pied.

LE ROI

Misérable!

---

1. *Dantzick*: (ou Danzig) aujourd'hui Gdańsk, ville portuaire du nord de la Pologne, située à l'extrémité du bras ouest de la Vistule.

PÈRE UBU

MERDRE*. À moi, mes hommes !

BORDURE

Hurrah ! en avant !

Tous frappent le roi, un Palotin explose.*

LE ROI

240 Oh ! au secours ! Sainte Vierge, je suis mort.

BOLESLAS, *à Ladislas.*

Qu'est cela ! Dégainons.

PÈRE UBU

Ah ! j'ai la couronne ! Aux autres, maintenant.

CAPITAINE BORDURE

Sus aux traîtres ! ! !

Les fils du roi s'enfuient, tous les poursuivent.

SCÈNE 3
LA REINE *et* BOUGRELAS

LA REINE

Enfin, je commence à me rassurer.

BOUGRELAS

245 Vous n'avez aucun sujet de crainte.

Une effroyable clameur se fait entendre au-dehors.

BOUGRELAS

Ah ! que vois-je ? Mes deux frères poursuivis par le Père Ubu et
ses hommes.

LA REINE

Ô mon Dieu ! Sainte Vierge, ils perdent, ils perdent du terrain !

BOUGRELAS

Toute l'armée suit le Père Ubu. Le roi n'est plus là. Horreur !
Au secours !

LA REINE

Voilà Boleslas mort ! Il a reçu une balle.

BOUGRELAS

Eh ! *(Ladislas se retourne.)* Défends-toi ! Hurrah, Ladislas.

LA REINE

Oh ! Il est entouré.

BOUGRELAS

C'en est fait de lui. Bordure vient de le couper en deux comme
une saucisse.

LA REINE

Ah ! Hélas ! Ces furieux pénètrent dans le palais, ils montent
l'escalier.

La clameur augmente.

LA REINE *et* BOUGRELAS, *à genoux.*

Mon Dieu, défendez-nous.

BOUGRELAS

Oh ! ce Père Ubu ! le coquin, le misérable, si je le tenais...

SCÈNE 4

LES MÊMES. *La porte est défoncée.*
LE PÈRE UBU *et les forcenés pénètrent.*

PÈRE UBU

Eh ! Bougrelas, que me veux-tu faire ?

BOUGRELAS

Vive Dieu ! je défendrai ma mère jusqu'à la mort ! Le premier qui
fait un pas est mort.

PÈRE UBU

Oh ! Bordure, j'ai peur ! laissez-moi m'en aller.

Un Soldat *avance.*

Rends-toi, Bougrelas!

Le Jeune Bougrelas

265 Tiens, voyou! voilà ton compte!

Il lui fend le crâne.

La Reine

Tiens bon, Bougrelas, tiens bon!

Plusieurs *avancent.*

Bougrelas, nous te promettons la vie sauve.

Bougrelas

Chenapans, sacs à vin, sagouins payés[1]!

Il fait le moulinet avec son épée et en fait un massacre.

Père Ubu

Oh! je vais bien en venir à bout tout de même!

Bougrelas

270 Mère, sauve-toi par l'escalier secret.

La Reine

Et toi, mon fils, et toi?

Bougrelas

Je te suis.

Père Ubu

Tâchez d'attraper la reine. Ah! la voilà partie. Quant à toi, misérable!…

Il s'avance vers Bougrelas.

---

1. *sagouins payés*: le terme «sagouins», au sens figuré et dans la langue familière, est une insulte. L'ajout de «payés» renvoie ici au statut de mercenaire, soit de soldat qui se bat pour un salaire, non par patriotisme ou par conviction.

BOUGRELAS

Ah ! vive Dieu ! voilà ma vengeance !

Il lui découd la boudouille° d'un terrible coup d'épée.

Mère, je te suis !

Il disparaît par l'escalier secret.

SCÈNE 5
Une caverne dans les montagnes.
Le jeune BOUGRELAS *entre,*
suivi de ROSEMONDE.

BOUGRELAS

Ici, nous serons en sûreté.

LA REINE

Oui, je le crois ! Bougrelas, soutiens-moi !

Elle tombe sur la neige.

BOUGRELAS

Ha ! qu'as-tu, ma mère ?

LA REINE

Je suis bien malade, crois-moi, Bougrelas. Je n'en ai plus que pour deux heures à vivre.

BOUGRELAS

Quoi ! le froid t'aurait-il saisie ?

LA REINE

Comment veux-tu que je résiste à tant de coups ? Le roi massacré, notre famille détruite, et toi, représentant de la plus noble race qui ait jamais porté l'épée, forcé de t'enfuir dans les montagnes comme un contrebandier.

BOUGRELAS

Et par qui, grand Dieu! par qui? Un vulgaire Père Ubu, aventurier sorti on ne sait d'où, vile crapule, vagabond honteux! Et quand je pense que mon père l'a décoré et fait comte et que le lendemain ce vilain n'a pas eu honte de porter la main sur lui.

LA REINE

290 Ô Bougrelas! Quand je me rappelle combien nous étions heureux avant l'arrivée de ce Père Ubu! Mais maintenant, hélas! tout est changé!

BOUGRELAS

Que veux-tu? Attendons avec espérance et ne renonçons jamais à nos droits.

LA REINE

295 Je te le souhaite, mon cher enfant, mais pour moi, je ne verrai pas cet heureux jour.

BOUGRELAS

Eh! qu'as-tu? Elle pâlit, elle tombe, au secours! Mais je suis dans un désert! Ô mon Dieu! son coeur ne bat plus. Elle est morte! Est-ce possible? Encore une victime du Père Ubu! (*Il*
300 *se cache la figure dans les mains et pleure.*) Ô mon Dieu! qu'il est triste de se voir seul à quatorze ans avec une vengeance terrible à poursuivre!

Il tombe en proie au plus violent désespoir. Pendant ce temps, les Âmes de Venceslas, de Boleslas, de Ladislas, de Rosemonde entrent dans la grotte, leurs Ancêtres les accompagnent et remplissent la grotte. Le plus vieux s'approche de Bougrelas et le réveille doucement.

BOUGRELAS

Eh! que vois-je? toute ma famille, mes ancêtres... Par quel prodige?

L'OMBRE

305 Apprends, Bougrelas, que j'ai été pendant ma vie le seigneur Mathias• de Königsberg, le premier roi et le fondateur de la

maison[1]. Je te remets le soin de notre vengeance[2]. (*Il lui donne une grande épée.*) Et que cette épée que je te donne n'ait de repos que quand elle aura frappé de mort l'usurpateur.

Tous disparaissent, et Bougrelas reste seul dans l'attitude de l'extase.

SCÈNE 6
Le palais du roi.

PÈRE UBU, MÈRE UBU, CAPITAINE BORDURE

PÈRE UBU

Non, je ne veux pas, moi! Voulez-vous me ruiner pour ces bouffres?

CAPITAINE BORDURE

Mais enfin, Père Ubu, ne voyez-vous pas que le peuple attend le don de joyeux avènement[3]?

MÈRE UBU

Si tu ne fais pas distribuer des viandes et de l'or, tu seras renversé d'ici deux heures.

PÈRE UBU

Des viandes, oui! de l'or, non! Abattez trois vieux chevaux, c'est bien bon pour de tels sagouins.

MÈRE UBU

Sagouin toi-même! Qui m'a bâti un animal de cette sorte?

PÈRE UBU

Encore une fois, je veux m'enrichir, je ne lâcherai pas un sou.

---

1. *maison*: « III FIG […] 3 ◆ Descendance, lignée des familles nobles. » (*Le Petit Robert 1*)

2. *Je te remets le soin de notre vengeance*: ce passage est une allusion à une scène célèbre de la pièce *Hamlet* de Shakespeare (1564-1616), où le jeune prince Hamlet se voit confier par le spectre de son père la tâche de venger sa mort (acte I, scène 5). Cette référence est confirmée également par le personnage nommé « L'OMBRE ».

3. *don de joyeux avènement*: le « joyeux avènement » est l'accession au trône d'un nouveau roi. Certains rois célébraient l'événement en faisant de généreux présents à leur peuple.

Le Père Ubu personnifié par une
bouteille et la Mère Ubu par une
lavette dans la production *Ubu
sur la table* réalisée par le Théâtre
de la Pire Espèce, dont la première
a eu lieu à la Brasserie Laurier,
à Montréal, en 1998.

© Photo : Brigitte Pougeoise

Le Père Ubu personnifié par une
bouteille et le Capitaine Bordure
par un marteau dans la production
Ubu sur la table réalisée par le
Théâtre de la Pire Espèce, dont
la première a eu lieu à la Brasserie
Laurier, à Montréal, en 1998.

© Photo : Brigitte Pougeoise

MÈRE UBU

Quand on a entre les mains tous les trésors de la Pologne.

CAPITAINE BORDURE

Oui, je sais qu'il y a dans la chapelle un immense trésor[1], nous le distribuerons.

PÈRE UBU

Misérable, si tu fais ça!

CAPITAINE BORDURE

Mais, Père Ubu, si tu ne fais pas de distributions le peuple ne voudra pas payer les impôts.

PÈRE UBU

Est-ce bien vrai?

MÈRE UBU

Oui, oui!

PÈRE UBU

Oh, alors je consens à tout. Réunissez trois millions, cuisez cent cinquante boeufs et moutons, d'autant plus que j'en aurai aussi!

Ils sortent.

SCÈNE 7
La cour du palais pleine de Peuple[2].

PÈRE UBU *couronné*, MÈRE UBU,
CAPITAINE BORDURE, LARBINS • *chargés de viande.*

PEUPLE

Voilà le roi! Vive le roi! hurrah!

---

1. *trésor*: «Lieu attenant à une église où sont conservés des objets, des tissus précieux, des reliques […].» (*Le Petit Robert 1*)

2. Peuple: «se dit encore plus particulièrement par opposition à ceux qui sont nobles, riches, ou éclairés.» (Furetière, 1690) «VIEILLI Foule, multitude de personnes assemblées.» (*Le Petit Robert 1*)

PÈRE UBU, *jetant de l'or.*

Tenez, voilà pour vous. Ça ne m'amusait guère de vous donner de l'argent, mais vous savez, c'est la Mère Ubu qui a voulu. Au moins, promettez-moi de bien payer les impôts.

TOUS

335   Oui, oui !

CAPITAINE BORDURE

Voyez, Mère Ubu, s'ils se disputent cet or. Quelle bataille.

MÈRE UBU

Il est vrai que c'est horrible. Pouah ! en voilà un qui a le crâne fendu.

PÈRE UBU

Quel beau spectacle ! Amenez d'autres caisses d'or.

CAPITAINE BORDURE

Si nous faisions une course.

PÈRE UBU

340   Oui, c'est une idée.

Au peuple.

Mes amis, vous voyez cette caisse d'or, elle contient trois cent mille nobles à la rose en or [1], en monnaie polonaise et de bon aloi. Que ceux qui veulent courir se mettent au bout de la cour. Vous partirez quand j'agiterai mon mouchoir et le premier arrivé aura la caisse.
345   Quant à ceux qui ne gagneront pas, ils auront comme consolation cette autre caisse qu'on leur partagera.

TOUS

Oui ! Vive le Père Ubu ! Quel bon roi ! On n'en voyait pas tant du temps de Venceslas.

---

1. *nobles à la rose en or* : « Nom d'une ancienne monnaie d'or d'Angleterre et de France. » (*Littré*)

Père Ubu, *à la* Mère Ubu, *avec joie.*

Écoute-les!

Tout le peuple va se ranger au bout de la cour.

Père Ubu

Une, deux, trois! Y êtes-vous?

Tous

Oui! oui!

Père Ubu

Partez!

Ils partent en se culbutant[1]. Cris et tumulte.

Capitaine Bordure

Ils approchent! ils approchent!

Père Ubu

Eh! le premier perd du terrain.

Mère Ubu

Non, il regagne maintenant.

Capitaine Bordure

Oh! Il perd, il perd! fini! c'est l'autre!

Celui qui était deuxième arrive le premier.

Tous

Vive Michel Fédérovitch! Vive Michel Fédérovitch!

Michel Fédérovitch

Sire, je ne sais vraiment comment remercier Votre Majesté...

---

1. se culbutant: « Se culbuter, v. pron. Faire la culbute. » (*Littré*)

PÈRE UBU

Oh! mon cher ami, ce n'est rien. Emporte ta caisse chez toi, Michel;
360 et vous, partagez-vous cette autre, prenez une pièce chacun jusqu'à
ce qu'il n'y en ait plus.

TOUS

Vive Michel Fédérovitch! Vive le Père Ubu!

PÈRE UBU

Et vous, mes amis, venez dîner! Je vous ouvre aujourd'hui les
portes du palais, veuillez faire honneur à ma table!

PEUPLE

365 Entrons! Entrons! Vive le Père Ubu! c'est le plus noble des
souverains!

*Ils entrent dans le palais. On entend le bruit de l'orgie qui se prolonge
jusqu'au lendemain. La toile tombe.*

ACTE III

SCÈNE 1
Le palais.

PÈRE UBU, MÈRE UBU

PÈRE UBU

De par ma chandelle• verte, me voici roi dans ce pays. Je me suis déjà flanqué une indigestion et on va m'apporter ma grande capeline[1].

MÈRE UBU

En quoi est-elle, Père Ubu? car nous avons beau être rois il faut être économes.

PÈRE UBU

Madame ma femelle[2], elle est en peau de mouton avec une agrafe et des brides en peau de chien.

MÈRE UBU

Voilà qui est beau, mais il est encore plus beau d'être rois.

PÈRE UBU

Oui, tu as eu raison, Mère Ubu.

MÈRE UBU

Nous avons une grande reconnaissance au duc de Lithuanie[3].

PÈRE UBU

Qui donc?

MÈRE UBU

Eh! le Capitaine Bordure•.

---

1. *capeline*: dans le contexte, la capeline désigne une sorte de capuchon contre la pluie ayant deux parties différentes.

2. *Madame ma femelle*: emploi burlesque contrastant avec le très courtois «Madame».

3. *Lithuanie*: Lituanie.

PÈRE UBU

De grâce, Mère Ubu, ne me parle pas de ce bouffre•. Maintenant
380 que je n'ai plus besoin de lui, il peut bien se brosser le ventre[1], il
n'aura point son duché.

MÈRE UBU

Tu as grand tort, Père Ubu, il va se tourner contre toi.

PÈRE UBU

Oh! je le plains bien, ce petit homme, je m'en soucie autant que
de Bougrelas•.

MÈRE UBU

385 Eh! crois-tu en avoir fini avec Bougrelas?

PÈRE UBU

Sabre• à finances, évidemment! que veux-tu qu'il me fasse, ce petit
sagouin de quatorze ans?

MÈRE UBU

Père Ubu, fais attention à ce que je te dis. Crois-moi, tâche de
t'attacher Bougrelas par tes bienfaits.

PÈRE UBU

390 Encore de l'argent à donner? Ah! non, du coup! vous m'avez fait
gâcher bien vingt-deux millions.

MÈRE UBU

Fais à ta tête, Père Ubu, il t'en cuira[2].

PÈRE UBU

Eh bien, tu seras avec moi dans la marmite.

MÈRE UBU

Écoute, encore une fois, je suis sûre que le jeune Bougrelas l'em-
395 portera, car il a pour lui le bon droit.

---

1. *se brosser le ventre*: «Fig. et fam., *Se brosser le ventre*, N'avoir pas de quoi manger. Dans
   un sens plus général, Être obligé de se passer de quelque chose.» (*Académie*, 1932-35)
   Par extension, ne pas parvenir à ses fins, toujours courir, aller se faire foutre.

2. *il t'en cuira*: tu auras des ennuis. «◊ LOC. *En cuire à qqn*, entraîner des ennuis pour lui.»
   (*Le Petit Robert 1*)

PÈRE UBU

Ah ! saleté ! le mauvais droit ne vaut-il pas le bon ? Ah ! tu m'injuries,
Mère Ubu, je vais te mettre en morceaux.

La Mère Ubu se sauve, poursuivie par Ubu.

SCÈNE 2
La grande salle du palais.

PÈRE UBU, MÈRE UBU, OFFICIERS *et* SOLDATS ;
GIRON •, PILE •, COTICE •, NOBLES *enchaînés*,
FINANCIERS, MAGISTRATS, GREFFIERS.

PÈRE UBU

Apportez la caisse• à Nobles et le crochet• à Nobles et le couteau•
à Nobles et le bouquin• à Nobles ! ensuite, faites avancer les
Nobles.

On pousse brutalement les Nobles.

MÈRE UBU

De grâce, modère-toi, Père Ubu.

PÈRE UBU

J'ai l'honneur de vous annoncer que pour enrichir le royaume je
vais faire périr tous les Nobles et prendre leurs biens.

NOBLES

Horreur ! à nous, peuple et soldats !

PÈRE UBU

Amenez le premier Noble et passez-moi le crochet à Nobles. Ceux
qui seront condamnés à mort, je les passerai dans la trappe, ils tom-
beront dans les sous-sols• du Pince-Porc et de la Chambre-à-Sous•,
où on les décervèlera [1]. (*Au Noble.*) Qui es-tu, bouffre ?

---

1. *décervèlera* : s'orthographie aujourd'hui *décervellera*.

LE NOBLE

Comte de Vitepsk[1].

PÈRE UBU

410 De combien sont tes revenus?

LE NOBLE

Trois millions de rixdales.

PÈRE UBU

Condamné!

Il le prend avec le crochet et le passe dans le trou.

MÈRE UBU

Quelle **basse** férocité!

PÈRE UBU

Second Noble, qui es-tu? *(Le Noble ne répond rien.)* Répondras-tu,
415 bouffre?

LE NOBLE

Grand-duc de Posen[2].

PÈRE UBU

Excellent! excellent! Je n'en demande pas plus long. Dans la trappe.
Troisième Noble, qui es-tu? tu as une sale tête.

LE NOBLE

Duc de Courlande, des villes de Riga, de Revel[3] et de Mitau[4].

PÈRE UBU

420 Très bien! très bien! Tu n'as rien autre chose?

LE NOBLE

Rien.

---

1. *Vitepsk*: ancienne ville de Pologne, puis de Lituanie, aujourd'hui de Biélorussie.

2. *Posen*: nom allemand, ville de l'ouest de la Pologne.

3. *Revel*: déformation de Reval, ancien nom de la ville de Tallinn. Toutefois, cette ville n'a
   jamais fait partie du territoire polonais.

4. *Mitau*: nom allemand de Jelgava, capitale de la Courlande de 1562 à 1795.

PÈRE UBU

Dans la trappe, alors. Quatrième Noble, qui es-tu?

LE NOBLE

Prince de Podolie.

PÈRE UBU

Quels sont tes revenus?

LE NOBLE

Je suis ruiné.

PÈRE UBU

Pour cette mauvaise parole, passe dans la trappe. Cinquième Noble, qui es-tu?

LE NOBLE

Margrave de Thorn[1], palatin de Polock[2].

PÈRE UBU

Ça n'est pas lourd. Tu n'as rien autre chose?

LE NOBLE

Cela me suffisait.

PÈRE UBU

Eh bien! mieux vaut peu que rien. Dans la trappe. Qu'as-tu à pigner[3], Mère Ubu?

MÈRE UBU

Tu es trop **féroce**, Père Ubu.

PÈRE UBU

Eh! je m'enrichis. Je vais faire lire MA liste de MES biens. Greffier, lisez MA liste de MES biens.

LE GREFFIER

Comté de Sandomir[4].

---

1. *Thorn*: nom allemand de Toruń, ville du centre de la Pologne.

2. *Polock*: ancienne ville de Pologne, aujourd'hui de Biélorussie.

3. *pigner*: régionalisme breton signifiant «se plaindre sur un ton geignard».

4. *Sandomir*: (ou Sendormir) ville portuaire qui abrite l'une des résidences des rois de Pologne.

Père Ubu

Commence par les principautés, stupide bougre !

Le Greffier

Principauté de Podolie, grand-duché de Posen, duché de Courlande, comté de Sandomir, comté de Vitepsk, palatinat de Polock,
440   margraviat[1] de Thorn.

Père Ubu

Et puis après ?

Le Greffier

C'est tout.

Père Ubu

Comment, c'est tout ! Oh bien alors, en avant les Nobles, et comme
je ne finirai pas de m'enrichir, je vais faire exécuter tous les Nobles,
445   et ainsi j'aurai tous les biens vacants. Allez, passez les Nobles dans
la trappe.

On empile les Nobles dans la trappe.

Dépêchez-vous plus vite, je veux faire des lois maintenant.

Plusieurs

On va voir ça.

Père Ubu

Je vais d'abord **réformer** la justice, après quoi nous procéderons
450   aux finances.

Plusieurs Magistrats

Nous nous opposons à tout changement.

Père Ubu

Merdre•. D'abord les magistrats ne seront plus payés.

Magistrats

Et de quoi vivrons-nous ? Nous sommes pauvres.

---

1. *margraviat* : tous les titres des nobles sont authentiques.

PÈRE UBU

Vous aurez les amendes que vous prononcerez et les biens des condamnés à mort.

UN MAGISTRAT

Horreur.

DEUXIÈME

Infamie.

TROISIÈME

Scandale.

QUATRIÈME

Indignité.

TOUS

Nous nous refusons à juger dans des conditions pareilles.

PÈRE UBU

À la trappe les magistrats !

Ils se débattent en vain.

MÈRE UBU

Eh ! que fais-tu, Père Ubu ? Qui rendra maintenant la justice ?

PÈRE UBU

Tiens ! moi. Tu verras comme ça marchera bien.

MÈRE UBU

Oui, ce sera du **propre**.

PÈRE UBU

Allons, tais-toi, bouffresque•. Nous allons maintenant, messieurs, procéder aux finances.

FINANCIERS

Il n'y a rien à changer.

PÈRE UBU

Comment, je veux tout changer, moi. D'abord je veux garder pour moi la moitié des impôts.

FINANCIERS

Pas gêné.

Père Ubu

Messieurs, nous établirons un impôt de dix pour cent sur la **propriété**, un autre sur le commerce et l'industrie, et un troisième sur les mariages et un quatrième sur les décès, de quinze francs chacun.

Premier Financier

475 Mais c'est idiot, Père Ubu.

Deuxième Financier

C'est absurde.

Troisième Financier

Ça n'a ni queue ni tête.

Père Ubu

Vous vous fichez de moi ! Dans la trappe, les **financiers** !

On enfourne les financiers.

Mère Ubu

Mais enfin, Père Ubu, quel roi tu fais, tu **massacres** tout le monde.

Père Ubu

480 Eh merdre !

Mère Ubu

Plus de justice, plus de finances.

Père Ubu

Ne crains rien, ma douce enfant, j'irai moi-même de village en village recueillir les impôts.

Scène 3

Une maison de paysans dans les environs de Varsovie.
Plusieurs paysans sont assemblés.

Un Paysan, *entrant.*

Apprenez la grande nouvelle. Le roi est mort, les ducs aussi et le
485 jeune Bougrelas s'est sauvé avec sa mère dans les montagnes. De plus, le Père Ubu s'est emparé du trône.

UN AUTRE

J'en sais bien d'autres. Je viens de Cracovie, où j'ai vu emporter les corps de plus de trois cents nobles et de cinq cents magistrats qu'on a tués, et il paraît qu'on va doubler les impôts et que le Père Ubu viendra les ramasser lui-même.

TOUS

Grand Dieu! qu'allons-nous devenir? le Père Ubu est un affreux sagouin et sa famille est, dit-on, abominable.

UN PAYSAN

Mais, écoutez: ne dirait-on pas qu'on frappe à la porte?

UNE VOIX, *au-dehors.*

Cornegidouille•! Ouvrez, de par ma merdre, par saint Jean, saint Pierre et saint Nicolas! ouvrez, sabre à finances, corne• finances, je viens chercher les impôts!

La porte est défoncée, Ubu pénètre suivi d'une légion de Grippe-Sous•.

SCÈNE 4

PÈRE UBU

Qui de vous est le plus vieux? *(Un paysan s'avance.)* Comment te nommes-tu?

LE PAYSAN

Stanislas Leczinski.

PÈRE UBU

Eh bien, cornegidouille, écoute-moi bien, sinon ces messieurs te couperont les oneilles•. Mais, vas-tu m'écouter enfin?

STANISLAS

Mais Votre Excellence n'a encore rien dit.

PÈRE UBU

Comment, je parle depuis une heure. Crois-tu que je vienne ici pour prêcher dans le désert[1]?

---

1. *prêcher dans le désert*: allusion à saint Jean-Baptiste qui s'était retiré dans le désert pour y prêcher (Mt 3, 1-2). L'expression signifie aujourd'hui «parler dans le vide».

STANISLAS

505 Loin de moi cette pensée.

PÈRE UBU

Je viens donc te dire, t'ordonner et te signifier que tu aies à produire et exhiber promptement ta finance, sinon tu seras massacré. Allons, messeigneurs les salopins• de finance, voiturez ici le voiturin• à phynances.

On apporte le voiturin.

STANISLAS

510 Sire, nous ne sommes inscrits sur le registre que pour cent cinquante-deux rixdales que nous avons déjà payées, il y aura tantôt six semaines à la Saint-Mathieu[1].

PÈRE UBU

C'est fort possible, mais j'ai changé le gouvernement et j'ai fait mettre dans le journal qu'on paierait deux fois tous les impôts et

515 trois fois ceux qui pourront être désignés ultérieurement. Avec ce système, j'aurai vite fait fortune, alors je tuerai tout le monde et je m'en irai.

PAYSANS

Monsieur Ubu, de grâce, ayez pitié de nous. Nous sommes de pauvres citoyens.

PÈRE UBU

520 Je m'en fiche. Payez.

PAYSANS

Nous ne pouvons, nous avons payé.

PÈRE UBU

Payez! ou ji• vous mets dans ma poche• avec supplice et décollation du cou et de la tête! Cornegidouille, je suis le roi peut-être!

---

1. *la Saint-Mathieu*: fête religieuse qui a lieu à la fin de septembre.

Tous

Ah, c'est ainsi! Aux armes! Vive Bougrelas, par la grâce de Dieu,
roi de Pologne et de Lithuanie!

Père Ubu

En avant, messieurs des Finances, faites votre devoir.

Une lutte s'engage, la maison est détruite et le vieux Stanislas s'enfuit
seul à travers la plaine. Ubu reste à ramasser la finance.

Scène 5
Une casemate des fortifications de Thorn.
Bordure *enchaîné*, Père Ubu

Père Ubu

Ah! citoyen[1], voilà ce que c'est, tu as voulu que je te paye ce
que je te devais, alors tu t'es révolté parce que je n'ai pas voulu,
tu as conspiré et te voilà coffré. Cornefinance•, c'est bien fait
et le tour est si bien joué que tu dois toi-même le trouver fort à
ton goût.

Bordure

Prenez garde, Père Ubu. Depuis cinq jours que vous êtes roi, vous
avez commis plus de meurtres qu'il n'en faudrait pour damner
tous les saints du Paradis. Le sang du roi et des nobles crie vengeance et ses cris seront entendus.

Père Ubu

Eh! mon bel ami, vous avez la langue fort bien pendue. Je ne
doute pas que si vous vous échappiez il en pourrait résulter des
complications, mais je ne crois pas que les casemates de Thorn

---

1. *citoyen*: durant la Révolution française (1789-1794), ce terme remplaçait l'appellation
Monsieur. Comme c'est la seule occasion où le Père Ubu utilise cet appellatif pour
s'adresser à Bordure, il faut voir là une allusion de Jarry à cet épisode de l'histoire
de France. Les parallèles sont nombreux: un roi (Louis XVI) a également été détrôné
et exécuté, des nobles ont été sommairement jugés puis décapités et des luttes de pouvoir entre les membres des partis révolutionnaires ont entraîné des exécutions massives.

540 aient jamais lâché quelqu'un des honnêtes garçons qu'on leur avait confiés. C'est pourquoi, bonne nuit, et je vous invite à dormir sur les deux oneilles, bien que les rats dansent ici une assez belle sarabande.

Il sort. Les Larbins• viennent verrouiller toutes les portes.

Scène 6
Le palais de Moscou.
L'Empereur Alexis *et sa cour,* Bordure

Le Czar Alexis
C'est vous, infâme aventurier, qui avez coopéré à la mort de notre cousin[1] Venceslas?

Bordure
545 Sire, pardonnez-moi, j'ai été entraîné malgré moi par le Père Ubu.

Alexis
Oh! l'affreux menteur. Enfin, que désirez-vous?

Bordure
Le Père Ubu m'a fait emprisonner sous prétexte de conspiration, je suis parvenu à m'échapper et j'ai couru cinq jours et cinq nuits à cheval à travers les steppes pour venir implorer Votre gracieuse
550 miséricorde.

Alexis
Que m'apportes-tu comme gage de ta soumission?

Bordure
Mon épée d'aventurier et un plan détaillé de la ville de Thorn.

Alexis
Je prends l'épée, mais par saint Georges[2], brûlez ce plan, je ne veux pas devoir ma victoire à une trahison.

---

1. *notre cousin*: les membres de la noblesse européenne se considéraient tous parents.

2. *saint Georges*: martyr chrétien qui tua un dragon pour délivrer une princesse qui devait lui être sacrifiée. Il est le patron des chevaliers.

BORDURE

Un des fils de Venceslas, le jeune Bougrelas, est encore vivant, je
ferai tout pour le rétablir.

ALEXIS

Quel grade avais-tu dans l'armée polonaise ?

BORDURE

Je commandais le 5ᵉ régiment des dragons de Wilna [1] et une compagnie franche [2] au service du Père Ubu.

ALEXIS

C'est bien, je te nomme sous-lieutenant au 10ᵉ régiment de Cosaques [3],
et gare à toi si tu trahis. Si tu te bats bien, tu seras récompensé.

BORDURE

Ce n'est pas le courage qui me manque, Sire.

ALEXIS

C'est bien, disparais de ma présence.

Il sort.

SCÈNE 7
La salle du Conseil d'Ubu.

PÈRE UBU, MÈRE UBU,
CONSEILLERS • DE PHYNANCES

PÈRE UBU

Messieurs, la séance est ouverte et tâchez de bien écouter et de vous
tenir tranquilles. D'abord, nous allons faire le chapitre des finances,
ensuite nous parlerons d'un petit système que j'ai imaginé pour
faire venir le beau temps et conjurer la pluie.

---

1. *Wilna* : Vilna en russe, Wilno en polonais et aujourd'hui Vilnius ; capitale de la Lituanie,
laquelle a longtemps été rattachée au royaume de Pologne et à la Russie.

2. *compagnie franche* : compagnie indépendante de l'armée.

3. *je te nomme sous-lieutenant au 10ᵉ régiment de Cosaques* : Bordure, qui possédait
un grade d'officier supérieur, se voit proposer un grade d'officier subalterne par
l'Empereur russe.

UN CONSEILLER

Fort bien, monsieur Ubu.

MÈRE UBU

Quel sot homme.

PÈRE UBU

570 Madame de ma merdre, garde à vous, car je ne souffrirai pas vos sottises. Je vous disais donc, messieurs, que les finances vont passablement. Un nombre considérable de chiens• à bas de laine se répand chaque matin dans les rues et les salopins font merveille. De tous côtés on ne voit que des maisons brûlées et des gens pliant
575 sous le poids de nos phynances•.

LE CONSEILLER

Et les nouveaux impôts, monsieur Ubu, vont-ils bien?

MÈRE UBU

Point du tout. L'impôt sur les mariages n'a encore produit que 11 sous, et encore le Père Ubu poursuit les gens partout pour les forcer à se marier.

PÈRE UBU

580 Sabre à finances, corne de ma gidouille•, madame la financière, j'ai des oneilles pour parler et vous une bouche pour m'entendre. *(Éclats de rire.)* Ou plutôt non! Vous me faites tromper et vous êtes cause que je suis bête! Mais, corne• d'Ubu! *(Un messager entre.)* Allons, bon, qu'a-t-il encore
585 celui-là? Va-t'en, sagouin, ou je• te poche avec décollation et torsion des jambes.

MÈRE UBU

Ah! le voilà dehors, mais il y a une lettre.

PÈRE UBU

Lis-la. Je crois que je perds l'esprit ou que je ne sais pas lire. Dépêche-toi, bouffresque, ce doit être de Bordure.

MÈRE UBU

590 Tout justement. Il dit que le czar l'a accueilli très bien, qu'il va envahir tes États pour rétablir Bougrelas et que toi tu seras tué.

PÈRE UBU

Ho ! ho ! J'ai peur ! J'ai peur ! Ha ! je pense mourir. Ô pauvre homme que je suis. Que devenir, grand Dieu ? Ce méchant homme va me tuer. Saint Antoine[1] et tous les saints, protégez-moi, je vous donnerai de la phynance et je brûlerai des cierges[2] pour vous. Seigneur, que devenir ?

Il pleure et sanglote.

MÈRE UBU

Il n'y a qu'un parti à prendre, Père Ubu.

PÈRE UBU

Lequel, mon amour ?

MÈRE UBU

La guerre ! !

TOUS

Vive Dieu ! Voilà qui est noble !

PÈRE UBU

Oui, et je recevrai encore des coups.

PREMIER CONSEILLER

Courons, courons organiser l'armée.

DEUXIÈME

Et réunir les vivres.

TROISIÈME

Et préparer l'artillerie et les forteresses.

QUATRIÈME

Et prendre l'argent pour les troupes.

---

1. *Saint Antoine* : probablement saint Antoine de Padoue, saint catholique ayant vécu de 1195 à 1231. Il est surnommé « le Thaumaturge » en raison de sa capacité à accomplir des miracles. Il est généralement invoqué pour retrouver les objets perdus, pour recouvrer la santé ou, plus généralement, pour exaucer un vœu.

2. *je brûlerai des cierges* : dans la liturgie catholique, les croyants allument des cierges à l'église afin d'obtenir la réalisation de leurs prières.

PÈRE UBU

Ah! non, par exemple! Je vais te tuer, toi, je ne veux pas donner d'argent. En voilà d'une autre [1]! j'étais payé pour faire la guerre et maintenant il faut la faire à mes dépens. Non, de par ma chandelle verte, faisons la guerre, puisque vous en êtes enragés, mais ne déboursons pas un sou.

TOUS

Vive la guerre!

SCÈNE 8
Le camp sous Varsovie.

SOLDATS *et* PALOTINS •
Vive la Pologne! Vive le Père Ubu!

PÈRE UBU

Ah! Mère Ubu, donne-moi ma cuirasse et mon petit • bout de bois. Je vais être bientôt tellement chargé que je ne saurais marcher si j'étais poursuivi.

MÈRE UBU

Fi, le lâche.

PÈRE UBU

Ah! voilà le sabre • à merdre qui se sauve et le croc • à finances qui ne tient pas!!! Je n'en finirai jamais, et les Russes avancent et vont me tuer.

UN SOLDAT

Seigneur Ubu, voilà le ciseau • à oneilles qui tombe.

PÈRE UBU

Ji • tou tue au moyen du croc • à merdre et du couteau • à figure.

MÈRE UBU

Comme il est beau avec son casque et sa cuirasse, on dirait une citrouille armée.

---

1. *En voilà d'une autre*: expression courante au XIXᵉ siècle exprimant l'incrédulité et le mécontentement: voilà autre chose, quoi encore.

Georges Wilson et Rosy Varte incarnant le Père Ubu et la Mère Ubu.
Mise en scène de Jean Vilar, Théâtre national
populaire, Paris, mars 1958.

© Roger Viollet n° 7291-6

PÈRE UBU

625 Ah! maintenant, je vais monter à cheval. Amenez, messieurs, le cheval• à phynances.

MÈRE UBU

Père Ubu, ton cheval ne saurait plus te porter, il n'a rien mangé depuis cinq jours et est presque mort.

PÈRE UBU

Elle est bonne celle-là! On me fait payer 12 sous par jour pour
630 cette rosse et elle ne me peut porter. Vous vous fichez, corne d'Ubu, ou bien si vous me volez? (*La Mère Ubu rougit et baisse les yeux.*) Alors, que l'on m'apporte une autre bête, mais je n'irai pas à pied, cornegidouille!

On amène un énorme cheval.

PÈRE UBU

Je vais monter dessus. Oh! assis plutôt! car je vais tomber. (*Le
635 cheval part.*) Ah! arrêtez ma bête, Grand Dieu, je vais tomber et être mort!!!

MÈRE UBU

Il est vraiment imbécile. Ah! le voilà relevé. Mais il est tombé par terre.

PÈRE UBU

Corne• physique, je suis à moitié mort! Mais c'est égal, je pars en guerre et je tuerai tout le monde. Gare à qui ne marchera pas
640 droit. Ji• lon mets dans ma poche avec torsion du nez et des dents et extraction de la langue.

MÈRE UBU

Bonne chance, monsieur Ubu.

PÈRE UBU

J'oubliais de te dire que je te confie la régence. Mais j'ai sur moi le livre des finances, tant pis pour toi si tu me voles. Je te laisse pour
645 t'aider le Palotin Giron. Adieu, Mère Ubu.

MÈRE UBU

Adieu, Père Ubu. Tue bien le czar.

PÈRE UBU

Pour sûr. Torsion du nez et des dents, extraction de la langue et enfoncement du petit bout de bois dans les oneilles.

L'armée s'éloigne au bruit des fanfares.

MÈRE UBU, *seule.*

Maintenant que ce gros pantin est parti, tâchons de faire nos affaires, tuer Bougrelas et nous emparer du trésor.

ACTE IV

Scène 1
La crypte des anciens rois de Pologne
dans la cathédrale de Varsovie.

Mère Ubu

Où donc est ce trésor[1] ? Aucune dalle ne sonne creux. J'ai pourtant bien compté treize pierres après le tombeau de Ladislas le Grand en allant le long du mur, et il n'y a rien. Il faut qu'on m'ait trompée. Voilà cependant : ici la pierre sonne creux. À l'œuvre, Mère Ubu. Courage, descellons cette pierre. Elle tient bon. Prenons ce bout de croc• à finances qui fera encore son office. Voilà ! Voilà l'or au milieu des ossements des rois. Dans notre sac, alors, tout ! Eh ! quel est ce bruit ? Dans ces vieilles voûtes y aurait-il encore des vivants ? Non, ce n'est rien, hâtons-nous. Prenons tout. Cet argent sera mieux à la face du jour qu'au milieu des tombeaux des anciens princes. Remettons la pierre. Eh quoi ! toujours ce bruit. Ma présence en ces lieux me cause une étrange frayeur. Je prendrai le reste de cet or une autre fois, je reviendrai demain.

Une Voix, *sortant du tombeau de Jean Sigismond[2].*
Jamais, Mère Ubu !

La Mère Ubu se sauve affolée, emportant l'or volé par la porte secrète.

---

1. *trésor* : « Lieu attenant à une église où sont conservés des objets, des tissus précieux, des reliques […]. » (*Le Petit Robert 1*)

2. Jean Sigismond : il pourrait s'agir de Sigismond 1er Jagellon (1467-1548), dit le Vieux ou le Grand, roi de Pologne, ou de Jean Sigismond (1368-1437), roi de Hongrie et prince de Transylvanie. Il faisait lui aussi partie de la dynastie des Jagellon dont semble s'être inspiré Jarry.

Scène 2
La place de Varsovie.
Bougrelas • *et ses* Partisans,
Peuple *et* Soldats

Bougrelas

En avant, mes amis ! Vive Venceslas et la Pologne ! le vieux gredin de Père Ubu est parti, il ne reste plus que la sorcière de Mère Ubu avec son Palotin •. Je m'offre à marcher à votre tête et à rétablir la race de mes pères.

Tous

Vive Bougrelas !

Bougrelas

Et nous supprimerons tous les impôts établis par l'affreux Père Ub.

Tous

Hurrah ! en avant ! Courons au palais et massacrons cette engeance.

Bougrelas

Eh ! Voilà la Mère Ubu qui sort avec ses gardes sur le perron !

Mère Ubu

Que voulez-vous, messieurs ? Ah ! c'est Bougrelas.

La foule lance des pierres.

Premier Garde

Tous les carreaux sont cassés.

Deuxième Garde

Saint Georges [1], me voilà assommé.

---

1. *Saint Georges* : martyr chrétien qui tua un dragon pour délivrer une princesse qui devait lui être sacrifiée. Il est le patron des chevaliers.

TROISIÈME GARDE

Cornebleu•, je meurs.

BOUGRELAS

Lancez des pierres, mes amis.

LE PALOTIN GIRON•

Hon! C'est ainsi!

Il dégaine et se précipite, faisant un carnage épouvantable.

BOUGRELAS

À nous deux! Défends-toi, lâche pistolet.

Ils se battent.

GIRON

680   Je suis mort!

BOUGRELAS

Victoire, mes amis! Sus à la Mère Ubu!

On entend des trompettes.

BOUGRELAS

Ah! voilà les Nobles qui arrivent. Courons, attrapons la mauvaise harpie!

TOUS

En attendant que nous étranglions le vieux bandit!

La Mère Ubu se sauve poursuivie par tous les Polonais. Coups de fusil et grêle de pierres.

SCÈNE 3
L'armée polonaise en marche dans l'Ukraine.

PÈRE UBU

Cornebleu, jambedieu•, tête de vache ! nous allons périr, car nous mourons de soif et sommes fatigué[1]. **Sire** Soldat, ayez l'obligeance de porter notre casque• à finances, et vous, **sire** Lancier, chargez-vous du ciseau• à merdre et du bâton-à-physique• pour soulager notre personne, car, je le répète, nous sommes fatigué.

Les soldats obéissent.

PILE•

Hon ! Monsieuye[2] ! Il est étonnant que les Russes n'apparaissent point.

PÈRE UBU

Il est regrettable que l'état de nos finances ne nous permette pas d'avoir une voiture à notre taille ; car, par crainte de démolir notre monture, nous avons fait tout le chemin à pied, traînant notre cheval par la bride. Mais quand nous serons de retour en Pologne, nous imaginerons, au moyen de notre science en physique et aidé des lumières de nos conseillers, une voiture à vent pour transporter toute l'armée.

COTICE•

Voilà Nicolas Rensky• qui se précipite.

PÈRE UBU

Et qu'a-t-il, ce garçon ?

---

1. *nous allons périr, car nous mourons de soif et sommes fatigué* : afin d'accentuer sa majesté, le Père Ubu emploie la deuxième personne du pluriel pour parler de lui-même, comme le voulait l'usage chez les rois. Cela explique l'absence d'accord pluriel du terme « fatigué ».

2. *Monsieuye* : faux archaïsme de *monsieur*, propre aux Palotins.

RENSKY

Tout est perdu, **Sire**, les Polonais sont révoltés, Giron est tué et la Mère Ubu est en fuite dans les montagnes.

PÈRE UBU

Oiseau de nuit, bête de malheur, hibou à guêtres ! Où as-tu pêché ces sornettes ? En voilà d'une autre[1] ! Et qui a fait ça ? Bougrelas, 705   je parie. D'où viens-tu ?

RENSKY

De Varsovie, noble Seigneur.

PÈRE UBU

Garçon de ma merdre•, si je t'en croyais je ferais rebrousser chemin à toute l'armée. Mais, seigneur garçon, il y a sur tes épaules plus de plumes que de cervelle et tu as rêvé des sottises. Va aux avant- 710   postes, mon garçon, les Russes ne sont pas loin et nous aurons bientôt à estocader• de nos armes, tant à merdre qu'à phynances• et à physique•.

LE GÉNÉRAL LASCY

Père Ubu, ne voyez-vous pas dans la plaine les Russes[2] ?

PÈRE UBU

C'est vrai, les Russes ! Me voilà joli[3]. Si encore il y avait moyen de s'en aller, mais pas du tout, nous sommes sur une hauteur et nous 715   serons en butte à tous les coups. ↖ signe de confiance

L'ARMÉE

Les Russes ! L'ennemi !

PÈRE UBU

Allons, messieurs, prenons nos dispositions pour la bataille. Nous allons rester sur la colline et ne commettrons point la sottise de 720   descendre en bas. Je me tiendrai au milieu comme une **citadelle**

---

1. *En voilà d'une autre* : expression courante au XIXᵉ siècle exprimant l'incrédulité et le mécontentement : voilà autre chose, quoi encore.

2. *ne voyez-vous pas dans la plaine les Russes* : parodie de construction syntaxique typique du théâtre classique, où les compléments sont parfois inversés afin de permettre la rime.

3. *Me voilà joli* : expression signifiant qu'on se considère dans une situation délicate.

vivante et vous autres graviterez autour de moi. J'ai à vous recommander de mettre dans les fusils autant de balles qu'ils en pourront tenir, car huit balles peuvent tuer huit Russes et c'est autant que je n'aurai pas sur le dos. Nous mettrons les fantassins à pied au bas de la colline pour recevoir les Russes et les tuer un peu, les cavaliers derrière pour se jeter dans la confusion, et l'artillerie autour du moulin à vent ici présent pour tirer dans le tas. Quant à nous, nous nous tiendrons dans le moulin à vent et tirerons avec le pistolet• à phynances par la fenêtre, en travers de la porte nous placerons le bâton-à-physique, et si quelqu'un essaye d'entrer, gare au croc• à merdre!!!

OFFICIERS

Vos ordres, **Sire** Ubu, seront exécutés.

PÈRE UBU

Eh! cela va bien, nous serons vainqueurs. Quelle heure est-il?

LE GÉNÉRAL LASCY *manifeste de la confiance*

Onze heures du matin.

PÈRE UBU

Alors, nous allons dîner, car les Russes n'attaqueront pas avant midi. Dites aux soldats, Seigneur Général, de faire leurs besoins et d'entonner la Chanson• à Finances.

Lascy s'en va.

SOLDATS *et* PALOTINS

Vive le Père Ubu, notre grand Financier! Ting, ting, ting; ting, ting, ting; ting, ting, tating!

PÈRE UBU

Ô les braves gens, je les adore[1]. *(Un boulet russe arrive et casse l'aile du moulin.)* Ah! j'ai peur, **Sire** Dieu, je suis mort! et cependant non, je n'ai rien.

---

1. *Ô les braves gens, je les adore*: réminiscence des historiques paroles de Guillaume Ier (1797-1888), empereur allemand qui remporta la guerre franco-prussienne contre Napoléon III en 1870.

Scène 4
Les Mêmes, Un Capitaine
puis L'Armée Russe

Un Capitaine, *arrivant.*

Sire Ubu, les Russes attaquent.

Père Ubu

Eh bien, après, que veux-tu que j'y fasse? ce n'est pas moi qui le
745 leur ai dit. Cependant, Messieurs des Finances, préparons-nous
au combat.

[handwritten note: ↑ sa peur se transforme en une sorte d'ignorance comme si ce n'était pas de sa faute]

Le Général Lascy

Un second boulet!

Père Ubu

Ah! je n'y tiens plus. Ici il pleut du plomb et du fer, et nous pour-
rions endommager notre précieuse personne. Descendons.

*Tous descendent au pas de course. La bataille vient de s'engager. Ils
disparaissent dans des torrents de fumée au pied de la colline.*

Un Russe, *frappant.*

750 Pour Dieu et le Czar!

Rensky

Ah! je suis mort.

Père Ubu

En avant! Ah, toi, Monsieur, que je t'attrape, car tu m'as fait mal,
entends-tu? sac à vin! avec ton flingot[1] qui ne part pas.

Le Russe

Ah! voyez-vous ça!

Il lui tire un coup de revolver.

---

1. *flingot*: «aujourd'hui veilli, est emprunté à l'allemand dialectal (Bavière) *flinke, flingge*,
   variante de *Flint* "fusil", avec le suffixe populaire *ot*; *flingue* a pu être francisé directement
   à la suite de l'occupation de Paris en 1871» (*Dictionnaire historique de la langue française*).

[annotation manuscrite : Procédé de répétition le "Je" met en valeur sa petite personne égocentrique et qui ne pense qu'à lui]

PÈRE UBU

Ah ! Oh ! Je suis blessé, je suis troué, je suis perforé, je suis administré[1], je suis enterré[2]. Oh, mais tout de même ! Ah ! je le tiens. *(Il le déchire.)* Tiens ! recommenceras-tu, maintenant !

LE GÉNÉRAL LASCY

En avant, poussons vigoureusement, passons le fossé. La victoire est à nous.

PÈRE UBU

Tu crois ? Jusqu'ici je sens sur mon front plus de bosses que de **lauriers.**

[annotation manuscrite : expression : il a peur]

CAVALIERS RUSSES

Hurrah ! Place au Czar !

Le Czar arrive, accompagné de Bordure*, déguisé.

UN POLONAIS

Ah ! Seigneur ! Sauve qui peut, voilà le Czar !

UN AUTRE

Ah ! mon Dieu ! il passe le fossé.

UN AUTRE

Pif ! Paf ! en voilà quatre d'assommés par ce grand bougre de lieutenant.

BORDURE

Ah ! vous n'avez pas fini, vous autres ! Tiens Jean Sobiesky, voilà ton compte ! *(Il l'assomme.)* À d'autres, maintenant !

Il fait un massacre de Polonais.

---

1. *je suis administré* : expression inventée qui fait référence au fait que le Père Ubu a reçu les derniers sacrements, c'est-à-dire, selon le rite catholique, la pénitence, l'eucharistie et l'extrême-onction.

2. *Je suis blessé, je suis troué, je suis perforé, je suis administré, je suis enterré* : parodie d'une réplique de *L'Avare* (acte IV, scène 7) de Molière (1622-1673).

PÈRE UBU

En avant, mes amis. Attrapez ce bélître ! En compote les Mosco-
vites ! La victoire est à nous. Vive l'Aigle rouge[1] !

TOUS

En avant ! Hurrah ! Jambedieu ! Attrapez le grand bougre.

BORDURE

Par **saint Georges**, je suis tombé.

PÈRE UBU, *le reconnaissant.*

Ah ! c'est toi, Bordure ! Ah ! mon ami. Nous sommes bien heureux
ainsi que toute la compagnie de te retrouver. Je vais te faire cuire à
petit feu. Messieurs des Finances, allumez du feu. Oh ! Ah ! Oh ! Je suis
mort. C'est au moins un coup de canon que j'ai reçu. Ah ! mon Dieu,
pardonnez-moi mes péchés. Oui, c'est bien un coup de canon.

BORDURE

C'est un coup de pistolet chargé à poudre.

PÈRE UBU

Ah ! tu te moques de moi ! Encore ! À la pôche° !

Il se rue sur lui et le déchire.

LE GÉNÉRAL LASCY

Père Ubu, nous avançons partout.

PÈRE UBU

Je le vois bien, je n'en peux plus, je suis criblé de coups de pied, je
voudrais m'asseoir par terre. Oh ! ma bouteille[2].

LE GÉNÉRAL LASCY

Allez prendre celle du Czar, Père Ubu.

PÈRE UBU

Eh ! J'y vais de ce pas. Allons ! Sabre° à merdre, fais ton office, et toi,
croc à finances, ne reste pas en arrière. Que le bâton-à-physique

---

1. *l'Aigle rouge* : dans le blason royal de la Pologne, l'aigle blanc est posé sur un écu rouge.

2. *bouteille* : dans le répertoire des costumes établi par Jarry, il est mentionné que
le Père Ubu doit avoir « une bouteille lui battant les fesses ».

travaille d'une généreuse émulation et partage avec le petit• bout de bois l'honneur de massacrer, creuser et exploiter l'Empereur moscovite. En avant, Monsieur notre cheval• à finances !

Il se rue sur le Czar.

UN OFFICIER RUSSE

En garde, Majesté !

PÈRE UBU

Tiens, toi ! Oh ! aïe ! Ah ! mais tout de même. Ah ! monsieur, pardon, laissez-moi tranquille. Oh ! mais, je n'ai pas fait exprès !

Il se sauve, le Czar le poursuit.

PÈRE UBU

Sainte Vierge, cet enragé me poursuit ! Qu'ai-je fait, grand Dieu ! Ah ! bon, il y a encore le fossé à repasser. Ah ! je le sens derrière moi et le fossé devant ! Courage, fermons les yeux !

Il saute le fossé. Le Czar y tombe.

LE CZAR

Bon, je suis dedans !

POLONAIS

Hurrah ! le Czar est à bas !

PÈRE UBU

Ah ! j'ose à peine me retourner ! Il est dedans. Ah ! c'est bien fait et on tape dessus. Allons, Polonais, allez-y à tour de bras, il a bon dos, le misérable ! Moi, je n'ose pas le regarder ! Et cependant notre prédiction s'est complètement réalisée, le bâton-à-physique a fait merveilles et nul doute que je ne l'eusse complètement tué si une inexplicable terreur n'était venue combattre et annuler en nous les effets de notre courage. Mais nous avons dû soudainement tourner **casaque**, et nous n'avons dû notre salut qu'à notre habileté comme

805 cavalier ainsi qu'à la solidité des jarrets de notre cheval à finances, dont la rapidité n'a d'égale que la solidité et dont la légèreté fait la célébrité, ainsi qu'à la profondeur du fossé qui s'est trouvé fort à propos sous les pas de l'ennemi de nous l'ici présent Maître• des Phynances. Tout ceci est fort beau, mais personne ne m'écoute.
810 Allons ! bon, ça recommence !

Les dragons russes font une charge et délivrent le Czar.

Le Général Lascy
Cette fois, c'est la débandade.

Père Ubu
Ah ! voici l'occasion de se tirer des pieds. Or donc, Messieurs les Polonais, en avant ! ou plutôt en arrière !

Polonais
Sauve qui peut !

Père Ubu
815 Allons ! en route. Quel tas de gens, quelle fuite, quelle multitude, comment me tirer de ce gâchis ? *(Il est bousculé)* Ah ! mais toi ! fais attention, ou tu vas **expérimenter** la bouillante valeur du Maître des Finances. Ah ! il est parti, sauvons-nous et vivement pendant que Lascy ne nous voit pas.

Il sort, ensuite on voit passer le Czar et l'armée russe poursuivant les Polonais.

Scène 5
Une caverne en Lituanie.
Il neige.
Père Ubu, Pile, Cotice

Père Ubu
820 Ah ! le chien de temps, il gèle à pierre à fendre et la personne du Maître des Finances s'en trouve fort endommagée.

PILE

Hon! Monsieuye Ubu, êtes-vous remis de votre terreur et de votre fuite?

PÈRE UBU

Oui! Je n'ai plus peur, mais j'ai encore la fuite[1].

COTICE, *à part.*

Quel pourceau.

PÈRE UBU

Eh! sire Cotice, votre oneille•, comment va-t-elle?

COTICE

Aussi bien, Monsieuye, qu'elle peut aller tout en allant très mal. Par conséiquent de quoye[2], le plomb la penche vers la terre et je n'ai pu extraire la balle.

PÈRE UBU

Tiens, c'est bien fait! Toi, aussi, tu voulais toujours taper les autres. Moi j'ai déployé la plus grande valeur, et sans m'exposer j'ai massacré quatre ennemis de ma propre main, sans compter tous ceux qui étaient déjà morts et que nous avons achevés.

COTICE

Savez-vous, Pile, ce qu'est devenu le petit Rensky?

PILE

Il a reçu une balle dans la tête.

PÈRE UBU

Ainsi que le coquelicot et le pissenlit à la fleur de leur âge sont fauchés par l'impitoyable faux de l'impitoyable faucheur qui fauche impitoyablement leur pitoyable binette, – ainsi le petit Rensky a fait le coquelicot, il s'est fort bien battu cependant, mais aussi il y avait trop de Russes.

PILE *et* COTICE

Hon! Monsieuye!

---

1. *la fuite*: expression figurée signifiant «avoir la colique».

2. *Par conséiquent de quoye*: locution verbale pseudo-archaïque propre aux Palotins signifiant «en conséquence de quoi».

Un Écho
Hhrron!

Pile
Qu'est-ce? Armons-nous de nos lumelles•.

Père Ubu
Ah! non! par exemple, encore des Russes, je parie! J'en ai assez! et
845 puis c'est bien simple, s'ils m'attrapent ji• lon fous à la poche.

Scène 6
Les Mêmes. *Entre un ours.*

Cotice
Hon, Monsieuye des Finances!

Père Ubu
Oh! tiens, regardez donc le petit toutou. Il est gentil, ma foi.

Pile
Prenez garde! Ah! quel énorme ours: mes cartouches!

Père Ubu
Un ours! Ah! l'atroce bête. Oh! pauvre homme, me voilà mangé.
850 Que Dieu me protège. Et il vient sur moi. Non, c'est Cotice qu'il
attrape. Ah! je respire.

*L'ours se jette sur Cotice. Pile l'attaque à coups de couteau. Ubu se
réfugie sur un rocher.*

Cotice
À moi, Pile! à moi! au secours, Monsieuye Ubu!

Père Ubu
Bernique! Débrouille-toi, mon ami; pour le moment, nous faisons
notre Pater Noster[1]. Chacun son tour d'être mangé.

---

1. *Pater Noster*: le *Notre père* est une prière importante de la liturgie chrétienne. Le Père
Ubu la prononcera dans les répliques latines qui suivent. À l'époque de Jarry, la messe
était dite en latin.

PILE

Je l'ai, je le tiens.

COTICE

Ferme, ami, il commence à me lâcher.

PÈRE UBU

Sanctificetur nomen tuum[1].

COTICE

Lâche bougre !

PILE

Ah ! il me mord ! Ô Seigneur, sauvez-nous, je suis mort.

PÈRE UBU

Fiat voluntas tua[2] !

COTICE

Ah ! j'ai réussi à le blesser.

PILE

Hurrah ! il perd son sang.

Au milieu des cris des Palotins, l'ours beugle de douleur et Ubu continue à marmotter.

COTICE

Tiens-le ferme, que j'attrape mon coup-de-poing explosif.

PÈRE UBU

Panem nostrum quotidianum da nobis hodie[3].

PILE

L'as-tu enfin, je n'en peux plus.

---

1. Sanctificetur nomen tuum : que ton nom soit sanctifié.

2. Fiat voluntas tua : que ta volonté soit faite.

3. Panem nostrum quotidianum da nobis hodie : donne-nous aujourd'hui notre pain quotidien.

PÈRE UBU

Sicut et nos dimittimus debitoribus nostris[1].

COTICE

Ah! je l'ai.

Une explosion retentit et l'ours tombe mort.

PILE *et* COTICE

Victoire!

PÈRE UBU

Sed libera nos a malo. Amen[2]. Enfin, est-il bien mort? Puis-je
870 descendre de mon rocher?

PILE, *avec mépris.*

Tant que vous voudrez.

PÈRE UBU, *descendant.*

Vous pouvez vous flatter que si vous êtes encore vivants et si vous
foulez encore la neige de Lithuanie, vous le devez à la vertu magnanime du Maître des Finances[3], qui s'est évertué, échiné et égosillé à
875 débiter des patenôtres pour votre salut, et qui a manié avec autant
de courage le glaive spirituel de la prière que vous avez manié avec
adresse le temporel de l'ici présent Palotin Cotice coup-de-poing
explosif. Nous[4] avons même poussé plus loin notre dévouement,
car nous n'avons pas hésité à monter sur un rocher fort haut pour
880 que nos prières aient moins loin à arriver au ciel.

PILE

Révoltante bourrique.

---

1. Sicut et nos dimittimus debitoribus nostris: comme nous pardonnons aussi à ceux
   qui nous ont offensés.

2. Sed libera nos a malo. Amen: mais délivre-nous du mal. Ainsi soit-il.

3. *la vertu magnanime du Maître des Finances*: le Père Ubu parle de lui-même à la troisième personne.

4. *Nous*: le Père Ubu parle toujours de lui seul.

PÈRE UBU

Voici une grosse bête. Grâce à moi, vous avez de quoi souper. Quel ventre, messieurs! Les Grecs y auraient été plus à l'aise que dans le cheval de bois[1], et peu s'en est fallu, chers amis, que nous n'ayons pu aller vérifier de nos propres yeux sa capacité intérieure.

PILE

Je meurs de faim. Que manger?

COTICE

L'ours!

PÈRE UBU

Eh! pauvres gens, allez-vous le manger tout cru? Nous n'avons rien pour faire du feu.

PILE

N'avons-nous pas nos pierres à fusil?

PÈRE UBU

Tiens, c'est vrai. Et puis, il me semble que voilà non loin d'ici un petit bois où il doit y avoir des branches sèches. Va en chercher, Sire Cotice.

Cotice s'éloigne à travers la neige.

PILE

Et maintenant, Sire Ubu, allez dépecer l'ours.

PÈRE UBU

Oh non! Il n'est peut-être pas mort. Tandis que toi, qui es déjà à moitié mangé et mordu de toutes parts, c'est tout à fait dans ton rôle. Je vais allumer du feu en attendant qu'il apporte du bois.

Pile commence à dépecer l'ours.

---

1. *cheval de bois*: allusion à l'épisode du cheval de Troie, que Homère raconte dans l'*Illiade*. Ayant assiégé durant dix ans la ville de Troie sans succès, les Grecs décident de construire un gigantesque cheval de bois dans lequel ils se cachent; puis ils feignent de se retirer en le laissant sur la plage. Pour célébrer leur victoire, les Troyens font entrer le cheval à l'intérieur des murs de la ville, permettant ainsi aux Grecs de les surprendre et de conquérir la cité.

PÈRE UBU

Oh! prends garde! il a bougé.

PILE

Mais, Sire Ubu, il est déjà tout froid.

PÈRE UBU

900 C'est dommage, il aurait mieux valu le manger chaud. Ceci va procurer une indigestion au Maître des Finances.

PILE, *à part.*

C'est révoltant. *(Haut.)* Aidez-nous un peu, Monsieur Ubu, je ne puis faire toute la besogne.

PÈRE UBU

Non, je ne veux rien faire, moi! Je suis fatigué, bien sûr!

COTICE, *rentrant.*

905 Quelle neige, mes amis, on se dirait en Castille[1] ou au pôle Nord. La nuit commence à tomber. Dans une heure il fera noir. Hâtons-nous pour voir encore clair.

PÈRE UBU

Oui, entends-tu, Pile? hâte-toi. Hâtez-vous tous les deux! Embrochez la bête, cuisez la bête, j'ai faim, moi!

PILE

910 Ah! c'est trop fort, à la fin! Il faudra travailler ou bien tu n'auras rien, entends-tu, goinfre!

PÈRE UBU

Oh! ça m'est égal, j'aime autant le manger tout cru, c'est vous qui serez bien attrapés. Et puis, j'ai sommeil, moi!

COTICE

Que voulez-vous, Pile? Faisons le dîner tout seuls. Il n'en aura pas.

915 Voilà tout. Ou bien on pourra lui donner les os.

PILE

C'est bien. Ah, voilà le feu qui flambe.

---

1. *on se dirait en Castille*: allusion à l'origine espagnole des Palotins; ils ont suivi le Père Ubu jusqu'en Pologne lorsqu'il a fui l'Aragon. Région de hauts plateaux, la Castille, au sud-ouest de l'Aragon, est froide en hiver, et la neige y est courante.

PÈRE UBU

Oh! c'est bon ça, il fait chaud maintenant. Mais je vois des Russes partout. Quelle fuite, grand Dieu! Ah!

Il tombe endormi.

COTICE

Je voudrais savoir si ce que disait Rensky est vrai, si la Mère Ubu est vraiment détrônée. Ça n'aurait rien d'impossible.

PILE

Finissons de faire le souper.

COTICE

Non, nous avons à parler de choses plus importantes. Je pense qu'il serait bon de nous enquérir de la véracité de ces nouvelles.

PILE

C'est vrai, faut-il abandonner le Père Ubu ou rester avec lui?

COTICE

La nuit porte conseil. Dormons, nous verrons demain ce qu'il faut faire.

PILE

Non, il vaut mieux profiter de la nuit pour nous en aller.

COTICE

Partons, alors.

Ils partent.

SCÈNE 7

UBU *parle en dormant.*

Ah! Sire Dragon russe, faites attention, ne tirez pas par ici, il y a du monde. Ah! voilà Bordure, qu'il est mauvais, on dirait un ours. Et Bougrelas qui vient sur moi! L'ours, l'ours! Ah! le voilà à bas! qu'il est dur, grand Dieu! Je ne veux rien faire, moi! Va-t'en, Bougrelas! Entends-tu, drôle? Voilà Rensky maintenant, et le Czar! Oh! ils

935

vont me battre. Et la Rbue[1]! Où as-tu pris tout cet or? Tu m'as pris mon or, misérable, tu as été farfouiller dans mon tombeau qui est dans la cathédrale de Varsovie, près de la Lune. Je suis mort depuis longtemps, moi, c'est Bougrelas qui m'a tué et je suis enterré à Varsovie près de Vladislas le Grand[2], et aussi à Cracovie près de Jean Sigismond, et aussi à Thorn dans la casemate avec

940

Bordure! Le voilà encore. Mais va-t'en, maudit ours. Tu ressembles à Bordure[3]. Entends-tu, bête de Satan? Non, il n'entend pas, les Salopins• lui ont coupé les oneilles. Décervelez, tudez•, coupez les oneilles, arrachez la finance et buvez jusqu'à la mort, c'est la vie des Salopins, c'est le bonheur du Maître des Finances.

Il se tait et dort.

---

1. *Rbue*: contraction de la « Mère Ubu ».

2. *Vladislas le Grand*: déformation de Ladislaw. Nom de plusieurs rois polonais dont la généalogie se divise en différentes branches. Le premier est Ladislas Ier Herman (1043-1102).

3. *Tu ressembles à Bordure*: les deux allusions à la ressemblance existant entre l'ours et Bordure sont un clin d'œil de Jarry: lors de la représentation d'*Ubu roi*, c'est le même acteur qui interprétait les rôles de l'ours et de Bordure.

ACTE V

Scène 1

Il fait nuit. Le Père Ubu *dort. Entre la* Mère Ubu *sans le voir.
L'obscurité est complète.*

Mère Ubu

Enfin, me voilà à l'abri. Je suis seule ici, ce n'est pas dommage,
mais quelle course effrénée : traverser toute la Pologne en quatre
jours ! Tous les malheurs m'ont assaillie à la fois. Aussitôt partie
cette grosse bourrique, je vais à la crypte m'enrichir. Bientôt après
je manque d'être lapidée par ce Bougrelas• et ces enragés. Je perds
mon cavalier le Palotin• Giron• qui était si amoureux de mes
attraits qu'il se pâmait d'aise en me voyant, et même, m'a-t-on
assuré, en ne me voyant pas, ce qui est le comble de la tendresse. Il
se serait fait couper en deux pour moi, le pauvre garçon. La preuve,
c'est qu'il a été coupé en quatre par Bougrelas. Pif paf pan ! Ah !
je pense mourir. Ensuite donc, je prends la fuite, poursuivie par
la foule en fureur. Je quitte le palais, j'arrive à la Vistule, tous les
ponts étaient gardés. Je passe le fleuve à la nage, espérant ainsi
lasser mes persécuteurs. De tous côtés la noblesse se rassemble et
me poursuit. Je manque mille fois périr, étouffée dans un cercle
de Polonais acharnés à me perdre. Enfin je trompai leur fureur,
et après quatre jours de courses dans la neige de ce qui fut mon
royaume j'arrive me réfugier ici. Je n'ai ni bu ni mangé ces quatre
jours. Bougrelas me serrait de près... Enfin, me voilà sauvée. Ah !
je suis morte de fatigue et de froid. Mais je voudrais bien savoir ce
qu'est devenu mon gros polichinelle, je veux dire mon très respec-
table époux. Lui en ai-je pris, de la finance•. Lui en ai-je volé, des
rixdales. Lui en ai-je tiré, des carottes[1]. Et son cheval• à finances
qui mourait de faim : il ne voyait pas souvent d'avoine, le pauvre

---

1. *Lui en ai-je tiré, des carottes* : « Vieilli *Tirer une carotte à quelqu'un*, lui extorquer de
l'argent par artifice. » (*Le Petit Robert 1*)

diable. Ah! la bonne histoire. Mais hélas! j'ai perdu mon trésor!
970   Il est à Varsovie, ira le chercher qui voudra.

> PÈRE UBU, *commençant à se réveiller.*

Attrapez la Mère Ubu, coupez les oneilles•!

> MÈRE UBU

Ah! Dieu! Où suis-je? Je perds la tête. Ah! non, Seigneur!

Grâce au Ciel j'entrevoi Monsieur le Père Ubu qui dort auprès de
moi[1].

975   Faisons la gentille. Eh bien, mon gros bonhomme, as-tu bien
dormi?

> PÈRE UBU

Fort mal! Il était bien dur cet ours! Combat des voraces contre les
coriaces[2], mais les voraces ont complètement mangé et dévoré les
coriaces, comme vous le verrez quand il fera jour; entendez-vous,
980   nobles Palotins!

> MÈRE UBU

Qu'est-ce qu'il bafouille? Il est encore plus bête que quand il est
parti. À qui en a-t-il?

> PÈRE UBU

Cotice•, Pile•, répondez-moi, sac à merdre•! Où êtes-vous? Ah!
j'ai peur. Mais enfin on a parlé. Qui a parlé? Ce n'est pas l'ours, je
985   suppose. Merdre! Où sont mes allumettes? Ah! je les ai perdues
à la bataille.

---

1. *Grâce au Ciel j'entrevoi Monsieur le Père Ubu qui dort auprès de moi*: pastiche d'un
   vers d'*Andromaque* de Racine (1639-1699): «Grâce au ciel j'entrevoi […]/ Dieux!
   Quels ruisseaux de sang coulent autour de moi!» (acte V, scène 5, vers 1627-1628)
   Jarry suit ici la graphie, autorisée à l'époque de Racine, du verbe *entrevoir*, dans le
   but de rimer avec *moi*. Il reprend les mots mêmes du dramaturge.

2. *Combat des voraces contre les coriaces*: allusion parodique à une tragédie de Corneille
   (1606-1684), *Horace*, où s'opposent des champions mythologiques, les Horaces et les
   Curiaces. La précision confuse du Père Ubu sert à expliquer que si, cette fois encore,
   les Horaces (voraces) ont vaincu les Curiaces (coriaces), ils ne se sont toutefois pas
   contentés de les tuer; ils ont en plus «mangé et dévoré» (ligne 978) leur adversaire,
   c'est-à-dire l'ours.

MÈRE UBU, *à part.*

Profitons de la situation et de la nuit, simulons une apparition surnaturelle et faisons-lui promettre de nous pardonner nos larcins.

PÈRE UBU

Mais, par saint Antoine! on parle. Jambedieu•! Je veux être pendu!

MÈRE UBU, *grossissant sa voix.*

Oui, monsieur Ubu, on parle, en effet, et la trompette de l'archange qui doit tirer les morts de la cendre et de la poussière finale [1] ne parlerait pas autrement! Écoutez cette voix sévère. C'est celle de saint Gabriel [2] qui ne peut donner que de bons conseils.

PÈRE UBU

Oh! ça, en effet!

MÈRE UBU

Ne m'interrompez pas ou je me tais et c'en sera fait de votre giborgne•!

PÈRE UBU

Ah! ma gidouille•! Je me tais, je ne dis plus mot. Continuez, madame l'Apparition!

MÈRE UBU

Nous disions, monsieur Ubu, que vous étiez un gros bonhomme!

PÈRE UBU

Très gros, en effet, ceci est juste.

MÈRE UBU

Taisez-vous, de par Dieu!

PÈRE UBU

Oh! les anges ne jurent pas!

MÈRE UBU, *à part.*

Merdre! *(Continuant.)* Vous êtes marié, monsieur Ubu.

---

1. *qui doit tirer les morts de la cendre et de la poussière finale*: allusion à l'ange de l'Apocalypse qui doit annoncer la fin des temps.

2. *saint Gabriel*: dans le Nouveau Testament, Gabriel est l'ange qui annonce à Marie la naissance du fils de Dieu.

PÈRE UBU

Parfaitement, à la dernière des chipies !

MÈRE UBU

1005 Vous voulez dire que c'est une femme charmante.

PÈRE UBU

Une horreur. Elle a des griffes partout, on ne sait par où la prendre.

MÈRE UBU

Il faut la prendre par la douceur, sire Ubu, et si vous la prenez ainsi vous verrez qu'elle est au moins l'égale de la Vénus
de Capoue[1].

PÈRE UBU

1010 Qui dites-vous qui a des poux ?

MÈRE UBU

Vous n'écoutez pas, monsieur Ubu ; prêtez-nous une oreille
plus attentive. (*À part.*) Mais hâtons-nous, le jour va se lever.
Monsieur Ubu, votre femme est adorable et délicieuse, elle n'a
pas un seul défaut.

PÈRE UBU

1015 Vous vous trompez, il n'y a pas un défaut qu'elle ne possède.

MÈRE UBU

Silence donc ! Votre femme ne vous fait pas d'infidélités !

PÈRE UBU

Je voudrais bien voir qui pourrait être amoureux d'elle. C'est
une harpie !

MÈRE UBU

Elle ne boit pas !

PÈRE UBU

1020 Depuis que j'ai pris la clef de la cave. Avant, à sept heures du
matin elle était ronde et elle se parfumait à l'eau-de-vie. Maintenant qu'elle se parfume à l'héliotrope elle ne sent pas plus

---

1. *Vénus de Capoue* : célèbre sculpture antique représentant la déesse de l'amour.

mauvais. Ça m'est égal. Mais maintenant il n'y a plus que moi à être rond !

MÈRE UBU

25 Sot personnage ! – Votre femme ne vous prend pas votre or.

PÈRE UBU

Non, c'est drôle !

MÈRE UBU

Elle ne détourne pas un sou !

PÈRE UBU

Témoin monsieur notre noble et infortuné cheval à Phynances, qui, n'étant pas nourri depuis trois mois, a dû faire la campagne
30 entière traîné par la bride à travers l'Ukraine. Aussi est-il mort à la tâche, la pauvre bête !

MÈRE UBU

Tout ceci sont des mensonges, votre femme est un modèle et vous quel monstre vous faites !

PÈRE UBU

Tout ceci sont des vérités. Ma femme est une coquine et vous quelle
35 andouille vous faites !

MÈRE UBU

Prenez garde, Père Ubu.

PÈRE UBU

Ah ! c'est vrai, j'oubliais à qui je parlais. Non, je n'ai pas dit ça !

MÈRE UBU

Vous avez tué Venceslas.

PÈRE UBU

Ce n'est pas ma faute, moi, bien sûr. C'est la Mère Ubu qui a voulu.

MÈRE UBU

40 Vous avez fait mourir Boleslas et Ladislas.

PÈRE UBU

Tant pis pour eux ! Ils voulaient me taper !

MÈRE UBU

Vous n'avez pas tenu votre promesse envers Bordure• et plus tard vous l'avez tué.

PÈRE UBU

J'aime mieux que ce soit moi que lui qui règne en Lithuanie. Pour
1045 le moment ça n'est ni l'un ni l'autre. Ainsi vous voyez que ça n'est
pas moi.

MÈRE UBU

Vous n'avez qu'une manière de vous faire pardonner tous vos
méfaits.

PÈRE UBU

Laquelle? Je suis tout disposé à devenir un saint homme, je veux
1050 être évêque et voir mon nom sur le calendrier[1].

MÈRE UBU

Il faut pardonner à la Mère Ubu d'avoir détourné un peu d'argent.

PÈRE UBU

Eh bien, voilà! Je lui pardonnerai quand elle m'aura rendu tout,
qu'elle aura été bien rossée et qu'elle aura ressuscité mon cheval
à finances.

MÈRE UBU

1055 Il en est toqué de son cheval! Ah! je suis perdue, le jour se lève.

PÈRE UBU

Mais enfin je suis content de savoir maintenant assurément que ma
chère épouse me volait. Je le sais maintenant de source sûre. *Omnis
a Deo scientia*, ce qui veut dire: *Omnis*, toute; *a Deo*, science;
scientia, vient de Dieu. Voilà l'explication du phénomène. Mais
1060 madame l'Apparition ne dit plus rien. Que ne puis-je lui offrir
de quoi se réconforter. Ce qu'elle disait était très amusant. Tiens,
mais il fait jour! Ah! Seigneur, de par mon cheval à finances, c'est
la Mère Ubu!

MÈRE UBU, *effrontément.*

Ça n'est pas vrai, je vais vous excommunier.

---

1. *voir mon nom sur le calendrier*: à chaque jour du calendrier romain est associé le nom
d'un ou plusieurs saints.

PÈRE UBU

065 Ah! charogne!

MÈRE UBU

Quelle impiété.

PÈRE UBU

Ah! c'est trop fort. Je vois bien que c'est toi, sotte chipie! Pourquoi diable es-tu ici?

MÈRE UBU

Giron est mort et les Polonais m'ont chassée.

PÈRE UBU

070 Et moi, ce sont les Russes qui m'ont chassé: les beaux esprits se rencontrent[1].

MÈRE UBU

Dis donc qu'un bel esprit a rencontré une bourrique!

PÈRE UBU

Ah! eh bien, il va rencontrer un palmipède[2] maintenant.

Il lui jette l'ours.

MÈRE UBU, *tombant accablée sous le poids de l'ours.*

Ah! grand Dieu! Quelle horreur! Ah! je meurs! J'étouffe! il me
075 mord! Il m'avale! il me digère!

PÈRE UBU

Il est mort! grotesque. Oh! mais, au fait, peut-être que non! Ah!
Seigneur! non, il n'est pas mort, sauvons-nous. *(Remontant sur son
rocher.) Pater noster qui es...*[3]

MÈRE UBU, *se débarrassant.*

Tiens! où est-il?

---

1. *les beaux esprits se rencontrent*: expression utilisée lorsque deux personnes pensent
   la même chose en même temps, ou encore lorsqu'elles font le même geste.

2. *palmipède*: le Père Ubu confond *palmipède* (animal à pieds palmés) et *plantigrade*
   (animal qui marche sur la plante des pieds).

3. Pater Noster qui es…: «Notre Père qui êtes [aux cieux]», début du *Notre Père*, prière
   chrétienne.

PÈRE UBU

1080   Ah! Seigneur! la voilà encore! Sotte créature, il n'y a donc pas
moyen de se débarrasser d'elle. Est-il mort, cet ours?

MÈRE UBU

Eh oui, sotte bourrique, il est déjà tout froid. Comment est-il
venu ici?

PÈRE UBU, *confus.*

Je ne sais pas. Ah! si, je sais! Il a voulu manger Pile et Cotice et moi
1085   je l'ai tué d'un coup de *Pater Noster.*

MÈRE UBU

Pile, Cotice, *Pater Noster.* Qu'est-ce que c'est que ça? Il est fou, ma
finance!

PÈRE UBU

C'est très exact ce que je dis! Et toi tu es idiote, ma giborgne!

MÈRE UBU

Raconte-moi ta campagne, Père Ubu.

PÈRE UBU

1090   Oh! dame, non! C'est trop long. Tout ce que je sais, c'est que malgré mon incontestable vaillance tout le monde m'a battu.

MÈRE UBU

Comment, même les Polonais?

PÈRE UBU

Ils criaient: Vive Venceslas et Bougrelas. J'ai cru qu'on voulait
m'écarteler. Oh! les enragés! Et puis ils ont tué Rensky•!

MÈRE UBU

1095   Ça m'est bien égal! Tu sais que Bougrelas a tué le Palotin Giron!

PÈRE UBU

Ça m'est bien égal! Et puis ils ont tué le pauvre Lascy!

MÈRE UBU

Ça m'est bien égal!

PÈRE UBU

Oh! mais tout de même, arrive ici, charogne! Mets-toi à genoux
devant ton maître *(il l'empoigne et la jette à genoux)*, tu vas subir
1100   le dernier supplice.

MÈRE UBU

Ho, ho, monsieur Ubu!

PÈRE UBU

Oh! oh! oh! après, as-tu fini? Moi je commence: torsion du nez, arrachement des cheveux, pénétration du petit• bout de bois dans les oneilles, extraction de la cervelle par les talons, lacération du postérieur, suppression partielle ou même totale de la moelle épinière (si au moins ça pouvait lui ôter les épines du caractère), sans oublier l'ouverture de la vessie natatoire et finalement la grande décollation renouvelée de saint Jean-Baptiste[1], le tout tiré des saintes Écritures, tant de l'Ancien que du Nouveau Testament, mis en ordre, corrigé et perfectionné par l'ici présent Maître• des Finances! Ça te va-t-il, andouille?

Il la déchire.

MÈRE UBU

Grâce, monsieur Ubu!

Grand bruit à l'entrée de la caverne.

SCÈNE 2
LES MÊMES, BOUGRELAS
se ruant dans la caverne avec ses soldats.

BOUGRELAS

En avant, mes amis! Vive la Pologne!

PÈRE UBU

Oh! oh! attends un peu, monsieur le Polognard•. Attends que j'en aie fini avec madame ma moitié!

---

1. *la grande décollation renouvelée de saint Jean-Baptiste*: saint Jean-Baptiste, prophète juif du Nouveau Testament, est mort décapité.

BOUGRELAS, *le frappant.*
Tiens, lâche, gueux, sacripant, mécréant, musulman !

PÈRE UBU, *ripostant.*
Tiens ! Polognard, soûlard, bâtard, hussard, tartare, calard•, cafard, mouchard, savoyard, communard !

MÈRE UBU, *le battant aussi.*
Tiens, capon, cochon, félon, histrion, fripon, souillon, polochon• !

Les soldats se ruent sur les Ubs¹ qui se défendent de leur mieux.

PÈRE UBU
1120 Dieu ! quels renfoncements !

MÈRE UBU
On a des pieds, messieurs les Polonais.

PÈRE UBU
De par ma chandelle• verte, ça va-t-il finir, à la fin de la fin ? Encore un ! Ah ! si j'avais ici mon cheval à phynances !

BOUGRELAS
Tapez, tapez toujours !

VOIX *au dehors*
1125 Vive le Père Ubé², notre grand financier !

PÈRE UBU
Ah ! les voilà. Hurrah ! Voilà les Pères Ubus³. En avant, arrivez, on a besoin de vous, messieurs des Finances !

Entrent les Palotins, qui se jettent dans la mêlée.

---

1. les Ubs : terme générique désignant le Père et la Mère Ubu.

2. le Père Ubé : déformation volontaire pour que le nom rime avec le terme « financier ».

3. les Pères Ubus : les partisans du Père Ubu.

COTICE

À la porte, les Polonais !

PILE

Hon ! nous nous revoyons, Monsieuye[1] des Finances. En avant,
poussez vigoureusement, gagnez la porte, une fois dehors il n'y
aura plus qu'à se sauver.

PÈRE UBU

Oh ! ça, c'est mon plus fort. Ô comme il tape.

BOUGRELAS

Dieu ! je suis blessé.

STANISLAS LECZINSKI

Ce n'est rien, Sire.

BOUGRELAS

Non, je suis seulement étourdi.

JEAN SOBIESKI

Tapez, tapez toujours, ils gagnent la porte, les gueux.

COTICE

On approche, suivez le monde. Par conséiquent de quoye[2], je vois
le ciel.

PILE

Courage, sire Ubu !

PÈRE UBU

Ah ! j'en fais dans ma culotte. En avant cornegidouille•! Tudez•,
saignez, écorchez, massacrez, corne• d'Ubu ! Ah ! ça diminue !

COTICE

Il n'y en a plus que deux à garder la porte.

PÈRE UBU, *les assommant à coups d'ours.*

Et d'un, et de deux ! Ouf ! me voilà dehors ! Sauvons-nous ! suivez,
les autres, et vivement !

---

1. *Monsieuye* : faux archaïsme de *monsieur*, propre aux Palotins.

2. *Par conséiquent de quoye* : locution verbale pseudo-archaïque propre aux Palotins
signifiant « en conséquence de quoi ».

Scène 3
La scène représente la province de Livonie couverte de neige.
Les Ubs *et leur suite en fuite.*

Père Ubu
1145 Ah ! je crois qu'ils ont renoncé à nous attraper.

Mère Ubu
Oui, Bougrelas est allé se faire couronner.

Père Ubu
Je ne la lui envie pas, sa couronne.

Mère Ubu
Tu as bien raison, Père Ubu.

Ils disparaissent dans le lointain.

Scène 4
Le pont d'un navire courant au plus près sur la Baltique.
Sur le pont le Père Ubu *et toute sa bande.*

Le Commandant
Ah ! quelle belle brise.

Père Ubu
1150 Il est de fait que nous filons avec une rapidité qui tient du prodige.
Nous devons faire au moins un million de nœuds à l'heure, et ces
nœuds ont ceci de bon qu'une fois faits ils ne se défont pas. Il est
vrai que nous avons vent arrière.

Pile
Quel triste imbécile.

Une risée arrive, le navire couche et blanchit la mer[1].

---

1. blanchit la mer : accélère.

PÈRE UBU

55 Oh! Ah! Dieu! nous voilà chavirés. Mais il va tout de travers, il va
tomber, ton bateau.

LE COMMANDANT

Tout le monde sous le vent, bordez la misaine[1]!

PÈRE UBU

Ah! mais non, par exemple! Ne vous mettez pas tous du même
côté! C'est imprudent ça. Et supposez que le vent vienne à changer
60 de côté: tout le monde irait au fond de l'eau et les poissons nous
mangeront.

LE COMMANDANT

N'arrivez pas, serrez près et plein[2]!

PÈRE UBU

Si! Si! Arrivez. Je suis pressé, moi! Arrivez, entendez-vous! C'est
ta faute, brute de capitaine, si nous n'arrivons pas. Nous devrions
65 être arrivés. Oh oh, mais je vais commander, moi, alors! Pare à
virer! À Dieu vat[3]. Mouillez, virez vent devant, virez vent arrière.
Hissez les voiles, serrez les voiles, la barre dessus, la barre dessous,
la barre à côté. Vous voyez, ça va très bien. Venez en travers à la
lame et alors ce sera parfait.

Tous se tordent, la brise fraîchit.

LE COMMANDANT

70 Amenez le grand foc, prenez un ris aux huniers[4].

---

1. *bordez la misaine*: tendez les cordages pour raidir la misaine.

2. *N'arrivez pas, serrez près et plein*: restez dans le lit du vent, pliez les voiles de manière
   à être au plus près du vent mais en les gardant toujours gonflées de brise.

3. *À Dieu vat*: expression populaire signifiant «à la grâce de Dieu». Les marins
   l'employaient au moment du départ ou pendant une tempête.

4. *Amenez le grand foc, prenez un ris aux huniers*: amenez la voile triangulaire située
   à l'avant du navire, diminuez la surface des voiles carrées du mât avant.

PÈRE UBU

Ceci n'est pas mal, c'est même bon ! Entendez-vous, monsieur
l'Équipage ? amenez le grand coq et allez faire un tour dans les
pruniers.

Plusieurs agonisent de rire. Une lame embarque.

PÈRE UBU

Oh ! quel déluge ! Ceci est un effet des manoeuvres que nous avons
1175   ordonnées.

MÈRE UBU *et* PILE

Délicieuse chose que la navigation !

Deuxième lame embarque.

PILE, *inondé.*

Méfiez-vous de Satan et de ses pompes.

PÈRE UBU

Sire garçon, apportez-nous à boire.

Tous s'installent à boire.

MÈRE UBU

Ah ! quel délice de revoir bientôt la douce France, nos vieux amis
1180   et notre château de Mondragon[1] !

PÈRE UBU

Eh ! nous y serons bientôt. Nous arrivons à l'instant sous le château
d'Elseneur[2].

---

1. *château de Mondragon* : château en ruine situé dans le village de Mondragon
   (le village aurait été le lieu de vacances des frères Morin), non loin d'Arles, dans
   le sud de la France.

2. *château d'Elseneur* : référence à la pièce *Hamlet* de Shakespeare (1564-1616), dont
   l'action se déroule dans le château d'Elseneur, situé au Danemark.

PILE

Je me sens ragaillardi à l'idée de revoir ma chère Espagne.

COTICE

Oui, et nous éblouirons nos compatriotes des récits de nos aventures merveilleuses.

PÈRE UBU

Oh! ça évidemment! Et moi je me ferai nommer Maître des Finances à Paris.

MÈRE UBU

C'est cela! Ah! quelle secousse!

COTICE

Ce n'est rien, nous venons de doubler la pointe d'Elseneur.

PILE

Et maintenant notre noble navire s'élance à toute vitesse sur les sombres lames de la mer du Nord.

PÈRE UBU

Mer farouche et inhospitalière qui baigne le pays appelé Germanie, ainsi nommé parce que les habitants de ce pays sont tous cousins germains.

MÈRE UBU

Voilà ce que j'appelle de l'érudition. On dit ce pays fort beau.

PÈRE UBU

Ah! messieurs! si beau qu'il soit il ne vaut pas la Pologne. S'il n'y avait pas de Pologne il n'y aurait pas de Polonais[1]!

---

1. *S'il n'y avait pas de Pologne il n'y aurait pas de Polonais*: allusion au sous-titre de la pièce, *Les Polonais,* qui apparaît dans l'édition du *Livre d'art* en 1896 (voir l'introduction, p. 6).

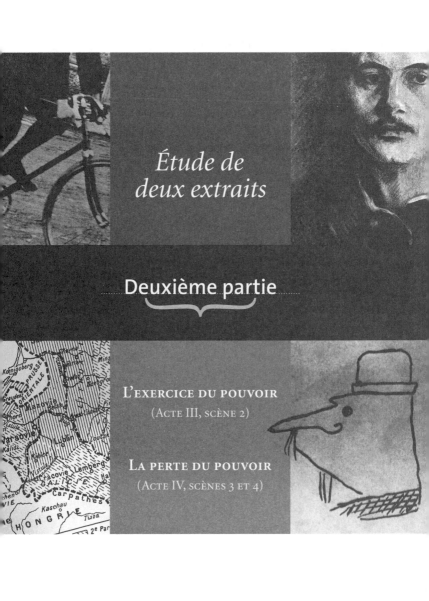

Étude de deux extraits

Deuxième partie

L'EXERCICE DU POUVOIR
(ACTE III, SCÈNE 2)

LA PERTE DU POUVOIR
(ACTE IV, SCÈNES 3 ET 4)

L'exercice du pouvoir
(Acte III, scène 2)

L'extrait choisi couvre toute la scène 2 de l'acte III. En suivant la suggestion de sa femme, le Père Ubu a usé d'un moyen radical pour devenir roi de Pologne : avec l'aide du Capitaine Bordure et de ses hommes, il a éliminé le souverain Venceslas et s'est emparé du trône. Après avoir trop mangé (acte I, scènes 3 et 4) et s'être fait confectionner une grande capeline (acte III, scène 1), il s'apprête à exercer son pouvoir royal, c'est-à-dire à ordonner des exécutions et à annoncer une série de réformes.

PETIT LEXIQUE PRÉPARATOIRE À LA COMPRÉHENSION DU TEXTE

Nous vous suggérons de chercher dans *Le Petit Robert 1* les mots en caractères gras, dont vous auriez intérêt à vous méfier. Cette recherche vous amènera à mieux comprendre le texte, en vous aidant notamment à saisir certaines nuances de la langue française du XIXᵉ siècle, en apparence proche de la nôtre, mais qui nous réserve parfois des surprises. Ce faisant, remarquez bien l'étymologie des mots et notez le moment de leur apparition dans la langue. Voici ce que votre recherche pourrait révéler.

1. **BAS, BASSE** (ligne 413) **adj.** […] – […] début XIIᵉ ◊ du latin du VIIIᵉ *bassus* […] I **adj. A. DANS L'ESPACE** […] 6♦ FIG. (1539) Peu élevé dans un compte, dans l'échelle des valeurs. […] ♦**Au moral** Dicté par l'instinct égoïste, l'intérêt, l'absence de sens moral.

FÉROCE (ligne 433) **adj.** – 1460 « orgueilleux, hautain » ◊ latin *ferox*, de *ferus* « sauvage » […] 2♦ (PERSONNES) Cruel et brutal. […] 3♦ Très dur, impitoyable.

RÉFORMER (ligne 449) **v. tr.** – (1) 1174 ◊ latin *reformare* […] 3♦ Changer en mieux, ramener à une forme meilleure (une institution).

INFAMIE (ligne 457) **n. f.** – milieu XIVe ◊ latin *infamia* ⇒ infâme […]
3 ♦ LITTÉR. […] Action, parole infâme.

INFÂME adj. – 1335 ◊ latin *infamis*, de *fama* « renommée » **1** ♦ VX
Qui est bas et vil. […]. ♦ LITTÉR. (CHOSES) Qui entraîne une
flétrissure morale. […] **2** ♦ VX Qui est flétri par la loi. […] — Qui
entraîne la flétrissure légale. […] **3** ♦ COUR. Détestable, odieux. […]
— Digne de mépris.

PROPRE (ligne 464) **adj.** et **n. m.** – milieu XIIe ◊ latin *proprius*
« qu'on ne partage pas avec d'autres » […] **II** ♦ (PROPRETÉ) […]
B. CONFORME À LA MORALE […] **1** ♦ FIG. (av. 1875) Qui ne manque
pas à l'honneur pour des raisons d'intérêt, dont la réputation
est sans tache. […] ♦ **n. m.** (1791) PAR ANTIPHR. *C'est du propre!*,
se dit d'une chose sale, et FIG. d'un comportement indécent,
immoral.

PROPRIÉTÉ (lignes 471-472) **n. f.** – fin XIIe ◊ latin *proprietas*, famille
de *proprius* ⇒ propre **I** […] **A.** […] Droit d'user, de jouir et de dis-
poser d'une chose d'une manière exclusive et absolue sous les restric-
tions établies par la loi. […] **B.** […] **1** ♦ (fin XIIe) Ce qu'on possède en
propriété. […] **2** ♦ (fin XVe) Bien-fonds (terre, construction) possédé
en propriété.

FINANCIER (ligne 478) **n.** et **adj.** – *financhière* « celui qui finance,
qui paye » v. 1420 ◊ de *finance* **I** ♦ **n. m. 1** ♦ (1549) ANCIENNT Celui
qui s'occupait des finances publiques ; qui avait la ferme ou la régie
des droits du roi.

MASSACRER (ligne 479) **v. tr.** (1) – XVIe ; *macecler* v. 1165 ◊ latin
populaire °*matteuculare*, de °*matteuca* « massue » **1** ♦ (1564) Tuer
avec sauvagerie et en masse (des êtres qui ne peuvent pas se défendre).

ANALYSE DU TEXTE

Puisque vous en êtes à votre première analyse, vous trouverez ici soit des pistes ou des conseils, soit des éléments de réponses, qui peuvent prendre la forme de résumés ou d'amorces. Il vous appartient de développer vos réponses dans des phrases complètes. Afin de vous guider dans cette tâche, la réponse à la première question de chacune des trois approches vous est donnée dans une forme plus achevée.

Dans cette scène, la transformation du personnage du Père Ubu est radicale. Se soustrayant à l'influence de sa femme et oubliant ses craintes, il impose ses volontés au mépris de toute logique et tombe dans l'excès. Alors qu'il a été jusqu'ici à la remorque des autres (il suit les conseils de sa femme et laisse Bordure organiser la rébellion), il est, cette fois, le véritable initiateur de l'action.

Et quelle action! Cette scène illustre bien la griserie du pouvoir et toute la démesure à laquelle elle peut mener. Il n'est pas étonnant qu'on y ait vu une parodie des régimes totalitaires.

PREMIÈRE APPROCHE : COMPRENDRE LE TEXTE

Les questions qui suivent visent à bien vous faire saisir le sens général du texte et plus particulièrement la portée de certains mots, tournures, courts passages ou constructions syntaxiques. Certaines de ces questions pourraient être reprises plus loin, de manière à vous permettre d'atteindre une compréhension plus fine, plus nuancée, plus intégrée du texte.

1. *Quelle justification le Père Ubu donne-t-il pour procéder à l'exécution des Nobles?*
   Le Père Ubu annonce qu'il va éliminer les Nobles afin de s'emparer de leurs biens (ligne 403) «pour enrichir le royaume» (ligne 402).

2. *À la ligne 426, le Père Ubu condamne à la trappe le Prince de Podolie. Qu'est-ce qui différencie ce Noble de ceux qui l'ont précédé? Qu'est-ce qui a changé dans les intentions du Père Ubu?*

- Contrairement à ceux qui l'ont précédé dans ce carnage de nobles, le Prince de Podolie est ruiné (ligne 425)…
- Au départ, les intentions du Père Ubu étaient… mais maintenant…

3. *Sous quel chef d'accusation les Nobles sont-ils condamnés?*
Pour vous aider à répondre, soyez attentifs à la façon dont les Nobles sont amenés devant le Père Ubu.

4. *Aux lignes 434-435, la réplique du Père Ubu comporte une contradiction flagrante par rapport aux motifs qu'il a évoqués pour justifier l'exécution des Nobles (voir la question 1). Expliquez cette contradiction.*

- Le Père Ubu avait annoncé qu'il devait faire exécuter les Nobles pour…
- Cependant, sa réplique montre plutôt que…

5. *Pour asseoir son autorité royale, le Père Ubu doit éliminer trois sources de pouvoir, représentées chacune par un groupe de personnages. Nommez ceux-ci, identifiez le pouvoir qu'ils détiennent et donnez les passages correspondant à leur élimination.*

Premier groupe de personnages: les Nobles	Pouvoir politique	Lignes 398 à 446
Deuxième groupe de personnages: …	Pouvoir …	Lignes … à …
Troisième groupe de personnages: …	Pouvoir …	Lignes … à …

6. *Quel contraste peut-on observer entre la manière de condamner le premier Noble (ligne 412) et celle réservée à tous les Nobles restants (voir la didascalie* après la ligne 446)? Qu'est-ce que cela révèle de l'état d'esprit du Père Ubu?*

Le Père Ubu vous semble-t-il méthodique dans sa façon de condamner les Nobles ? S'en tient-il à sa méthode pour tous ?

7. *Comparez la façon dont réagissent les Nobles, les Magistrats et les Financiers aux arrêts du Père Ubu.*
Selon vous, les personnages protestent-ils ? Examinez leurs réactions.

DEUXIÈME APPROCHE : ANALYSER LE TEXTE

Ici, les questions approfondissent celles de l'étape précédente et, surtout, abordent les aspects formels du texte. Elles vous permettent d'en évaluer les sous-entendus, en montrant, par exemple, le rôle de la ponctuation ou du temps des verbes, en faisant voir la portée d'une figure de style, la force d'une argumentation, l'effet de la tonalité dominante du texte, etc. C'est aussi l'occasion de vous amener à faire des liens entre fond et forme, à saisir en somme ce qui fait le propre du texte littéraire. Ici encore, seule la première question est présentée avec une réponse complète.

8. *Relevez les indicateurs temporels, les didascalies* et les signes de ponctuation expressive dans les répliques du Père Ubu. Expliquez en quoi ils intensifient la rapidité de l'action, c'est-à-dire l'élimination de tous ceux qui gênent le Père Ubu. Cette rapidité vous apparaît-elle vraisemblable ?*

Pour répondre, complétez le tableau suivant et justifiez votre réponse dans une courte conclusion.

Éléments formels	*Citations*	*Effets*
Indicateurs temporels	• Expressions du temps : « ensuite » (ligne 399), « pas plus long » (ligne 417),	Toutes ces expressions s'inscrivent dans un contexte de précipitation et d'urgence.

Éléments formels	Citations	Effets
Indicateurs temporels	« plus vite » (ligne 447), « maintenant » (lignes 447, 462, 465), « Je vais d'abord réformer la justice, après quoi nous procéderons aux finances » (lignes 449-450). • Usage de l'impératif : « Apportez » (ligne 398), « faites avancer » (ligne 399), « Amenez » et « passez-moi » (ligne 405), « passe » (ligne 426), « lisez » (ligne 435), « Commence » (ligne 437), « Allez, passez » (ligne 445) et « Allons, tais-toi » (ligne 465).	L'adverbe « ensuite » implique que les Nobles suivent quasiment la procession des instruments d'exécution qu'on amène. « [P]as plus long » montre que les réponses des Nobles sont au fond inutiles. Qu'il demande à ses soldats de se dépêcher « plus vite » ainsi que plusieurs des utilisations du mode impératif sont un appel à une hyper rapidité. Si le « maintenant » (ligne 462) de la Mère Ubu traduit l'espoir d'un ralentissement, les deux utilisations de l'adverbe par le Père Ubu (lignes 447 et 465) témoignent de son désir d'en finir au plus vite et d'affirmer définitivement son autorité.
Didascalies	« *On pousse brutalement les Nobles* » (après la ligne 400) ; « *Il le prend avec le crochet et le passe dans le trou* » (après la ligne 412) ; « *On empile les Nobles dans la trappe* » (après la ligne 446) ;	Le fait d'empiler ou d'enfourner les personnages confère à l'entreprise meurtrière un aspect hyperbolique (voir hyperbole*) en plus de déshumaniser, de chosifier même, les personnages qui en sont victimes.

Éléments formels	Citations	Effets
Didascalies	« *Ils se débattent en vain* » (après la ligne 461); « *On enfourne les financiers* » (après la ligne 478).	
Ponctuation expressive	« Apportez […] bouquin à Nobles! » (lignes 398-399); « Condamné! » (ligne 412); « Excellent! excellent! » (ligne 417); « Très bien! très bien! Tu n'as rien autre chose? » (ligne 420) « Eh bien! » (ligne 431); « Eh! » (ligne 434); « […] stupide bougre! » (ligne 437); « Et puis après? » (ligne 441); « Comment, c'est tout! » (ligne 443); « À la trappe les magistrats! » (ligne 461); « Tiens! » (ligne 463); « Vous vous fichez de moi! Dans la trappe, les financiers! » (ligne 478); « Eh merdre! » (ligne 480).	La ponctuation expressive dans les répliques du Père Ubu témoigne bien de son empressement, de son ardeur à la tâche et du peu de respect qu'il accorde à ses sujets. Il prend plaisir à les astreindre à un rythme effréné, car cela lui procure puissance et capital.

On notera aussi, dans la ponctuation expressive, l'usage abondant de courtes phrases interrogatives, qui illustrent bien le désir du Père Ubu d'en finir au plus vite avec ces « formalités ».

En fin de compte, tous les procédés mis en place dans cette scène créent une forte invraisemblance sur le plan de la durée. Habituellement, un usurpateur mettrait plusieurs mois, voire plusieurs années pour anéantir l'opposition et prendre en main toutes les formes de pouvoir (politique, légal, financier). Accomplir un tel revirement politique requiert normalement beaucoup de duplicité, de planification et un bon nombre d'exécutants. Or, Ubu agit seul, au gré de ses impulsions, et ne rencontre aucun obstacle.

9. *Relevez des figures* d'insistance qui illustrent le rapport que le Père Ubu entretient avec l'argent, puis justifiez-en les effets.*

Figures d'insistance	Citations	Effets
Hyperboles*	« [...] je vais faire périr tous les Nobles et prendre leurs biens » (lignes 402-403) ; ...	Ubu a la prétention exagérée de pouvoir éliminer...
...	« Je vais faire lire MA liste de MES biens. Greffier, lisez MA liste de MES biens » (lignes 434-435).	Cette figure met en lumière l'égocentrisme...
...	« Messieurs, nous établirons un impôt de dix pour cent sur la propriété, un autre sur le commerce et l'industrie, et un troisième sur les mariages et un quatrième sur les décès, de quinze francs chacun » (lignes 471 à 474).	...

10. *L'attitude du Père Ubu est souvent infantile. Relevez les comportements propres à l'enfance et associez-les aux réactions du Père Ubu.*

   • Comme un enfant, le Père Ubu est impatient : « Répondras-tu, bouffre ? » (lignes 414-415) ; …

   • …

11. *Dans cette scène, les répliques du Père Ubu constituent une parodie du discours royal. Relevez les aspects formels qui permettent de créer cet effet.*

   • Le Père Ubu utilise parfois des termes relevant du niveau* de langue soutenu, par exemple…
   • Le ton qu'il garde durant toute la scène imite… Cela apparaît par…

12. *Dans cette scène, quel rôle la Mère Ubu joue-t-elle ?*

   La Mère Ubu semble avoir un rôle de modérateur dans cette scène.

   • Elle prévient d'abord son mari qu'il est en train de tomber dans l'exagération : « De grâce, modère-toi, Père Ubu » (ligne 401).
   • Elle s'inquiète de la férocité de ce dernier alors qu'il…

   • …

13. *Expliquez pourquoi les didascalies* insérées par Jarry dans la scène ne sont pas conventionnelles. Quel effet cela crée-t-il ?*

   • Normalement, une didascalie sert à préciser le temps ou le lieu où se déroule l'action, ainsi que les gestes devant être faits par les acteurs qui interprètent les personnages, leurs déplacements et le ton qu'ils doivent adopter. Il s'agit d'une indication de mise en scène donnée par l'auteur de la pièce.
   Elle a pour effet de…
   • Dans cette scène, toutefois, de nombreuses didascalies sont…
   Cela a pour effet de…

TROISIÈME APPROCHE : COMMENTER LE TEXTE

Les questions qui suivent visent à vous amener à établir des relations entre divers éléments du texte et, par déduction, à proposer des interprétations. Dans un premier temps, elles présentent des réflexions sur l'ensemble du texte, autour d'une problématique esquissée aux approches précédentes. Dans un deuxième temps, elles visent à vous faire établir des liens entre le texte analysé et un autre extrait de l'œuvre (Comparaison avec un autre extrait de l'œuvre), puis elles proposent une incursion dans des textes du même auteur ou d'auteurs différents (Comparaison avec une autre œuvre).

Ce type de commentaire suppose une compréhension profonde du texte, servie par une sensibilité aiguë, et développe une quête permanente de cohérence de même qu'une recherche d'intégration culturelle, elle-même en constante évolution. Ici encore, seule la première question est présentée avec une réponse complète.

14. *Montrez que le pouvoir monte à la tête du Père Ubu. Pour ce faire, expliquez comment le nouveau souverain perd peu à peu toute retenue (ou toute sa dignité royale ?), au grand dam de la Mère Ubu, au fil de la scène. Pour vous aider à répondre, reportez-vous aux réponses données aux questions 1, 4, 5, 6, 8, 10, 11 et 12.*

- Au début de la scène, le Père Ubu adopte, d'abord par son langage, un comportement digne de celui d'un monarque, même si ses intentions sont claires dès la première réplique (voir les questions 1 et 4). … De façon parodique, le Père Ubu utilise un ton très solennel pour annoncer ses intentions et un vocabulaire plutôt recherché (voir la question 11).
- Comme le Père Ubu a éliminé le roi et pris sa place, il entreprend de juger les Nobles. Sa dignité royale s'étiole vite : on le remarque en observant son discours tout au long de ce simulacre de procès. En effet, il adopte volontiers des formules expéditives et de plus en plus familières (voir la question 6), voire infantiles (voir la question 10). … S'il prend la peine, au début de la scène, de justifier aux autres ses actions et de prétexter qu'il veut le bien

du royaume (voir la question 1), il répond simplement à la Mère Ubu, qui l'accuse d'être trop féroce…

- La façon de procéder du Père Ubu se relâche également au fur et à mesure que la scène avance ; … l'élimination des Nobles devient massive et désordonnée lorsque l'avidité du Père Ubu l'emporte, au point qu'on doit empiler les condamnés dans la trappe. … (voir la question 6).

- Finalement, les réactions modératrices (voir la question 12) de la Mère Ubu font ressortir les débordements de son époux. … Les interventions de ce personnage féminin vont donc de la tentative de modération à la désapprobation. …

15. *Montrez comment l'exercice du pouvoir auquel se livre le Père Ubu se transforme rapidement en véritable mécanisme de destruction aveugle.*

   Pour vous aider à répondre, reportez-vous aux réponses données aux questions 1 à 5, 8, 9 et 14.

16. *Dans sa pièce, Jarry rejette un grand nombre de conventions théâtrales, notamment le souci de réalisme. Illustrez ce fait en expliquant comment certaines didascalies* ainsi que certains aspects de l'action et de l'attitude du Père Ubu créent un effet d'invraisemblance.*

   Pour vous aider à répondre, reportez-vous aux réponses données aux questions 8, 10 et 13.

Comparaison avec un autre extrait de l'œuvre

17. *Comparez cette scène à celle d'exposition (scène 1 de l'acte I). Établissez des ressemblances quant aux attitudes du Père et de la Mère Ubu et au rythme des scènes.*

   Pour répondre, suivez le plan suivant.

   - Comparaison des deux scènes sur le plan de l'attitude du Père et de la Mère Ubu

      a) Rapport entretenu l'un avec l'autre : …

b) Rapport entretenu avec autrui : …

• Comparaison des deux scènes sur le plan du rythme*, fondée sur la durée de l'action

a) Enchaînement des répliques : …

b) Enchaînement des événements en cours ou envisagés : …

Comparaison avec une autre œuvre

JEAN-BAPTISTE POQUELIN, DIT MOLIÈRE (1622-1673), EST UN AUTEUR CÉLÈBRE DU XVIIE SIÈCLE. À TRAVERS SON ŒUVRE DRAMATIQUE, IL S'EST FAIT LE PEINTRE DES MŒURS DE SON TEMPS. EN 1668, IL MET EN SCÈNE DANS *L'AVARE*, L'UNE DE SES PIÈCES DE THÉÂTRE LES PLUS CONNUES, UN VICE COURANT : L'AVARICE.

HARPAGON, LE PROTAGONISTE DE L'AVARE, *ÉPROUVE UN AMOUR DÉMESURÉ POUR SON ARGENT. DANS LA SCÈNE 7 DE L'ACTE IV, HARPAGON RÉALISE QUE SON ARGENT LUI A ÉTÉ VOLÉ. LE MONOLOGUE QUI SUIT MONTRE SON DÉSESPOIR À LA SUITE DE CETTE DÉCOUVERTE.*

« LE VOL DE LA CASSETTE »

HARPAGON. (*Il crie au voleur dès le jardin, et vient sans chapeau.*) Au voleur ! au voleur ! à l'assassin ! au meurtrier ! Justice, juste Ciel ! je suis perdu, je suis assassiné[1], on m'a coupé la gorge, on m'a dérobé mon argent. Qui peut-ce être[2] ? Qu'est-il devenu ? Où est-il ? Où se cache-t-il ? Que ferai-je pour le trouver ? Où courir ? Où ne pas courir ?

---

1. *je suis assassiné* : le verbe assassiner « se dit hyperboliquement pour dire importuner beaucoup » (Furetière) ou, comme le précise Cayrou, pour causer une douleur mortelle. (Les notes de bas de page de cet extrait ont été établies par Nicole Garet, dans l'édition de *L'Avare* publiée chez Groupe Modulo dans la collection « BLL ».)

2. *Qui peut-ce être* : tournure désuète formée sur le modèle de qui est-ce ?, qui est-ce que ça peut être ?

N'est-il point là? N'est-il point ici? Qui est-ce? Arrête. Rends-moi
mon argent, coquin. (*Il se prend lui-même le bras.*) Ah! c'est moi. Mon
esprit est troublé, et j'ignore où je suis, qui je suis, et ce que je fais.
Hélas! mon pauvre argent, mon pauvre argent, mon cher ami! on m'a
10 privé de toi; et puisque tu m'es enlevé, j'ai perdu mon support, ma
consolation, ma joie; tout est fini pour moi, et je n'ai plus que faire au
monde: sans toi, il m'est impossible de vivre. C'en est fait, je n'en puis
plus; je me meurs, je suis mort, je suis enterré. N'y a-t-il personne qui
veuille me ressusciter, en me rendant mon cher argent, ou en m'ap-
15 prenant qui l'a pris? Euh? que dites-vous? Ce n'est personne. Il faut,
qui que ce soit qui ait fait le coup, qu'avec beaucoup de soin on ait
épié l'heure[1]; et l'on a choisi justement le temps que[2] je parlais à mon
traître de fils. Sortons. Je veux aller quérir la justice, et faire donner la
question à toute la maison: à servantes, à valets, à fils, à fille, et à moi
20 aussi. Que de gens assemblés[3]! Je ne jette mes regards sur personne
qui ne me donne des soupçons, et tout me semble mon voleur. Eh!
de quoi est-ce qu'on parle là? De celui qui m'a dérobé? Quel bruit
fait-on là-haut? Est-ce mon voleur qui y est? De grâce, si l'on sait des
nouvelles de mon voleur, je supplie que l'on m'en dise. N'est-il point
25 caché là parmi vous? Ils me regardent tous, et se mettent à rire. Vous
verrez qu'ils ont part sans doute au vol que l'on m'a fait. Allons vite,
des commissaires[4], des archers[5], des prévôts[6], des juges, des gênes,

---

1. *on ait épié l'heure*: on ait surveillé afin de choisir le moment propice.

2. *le temps que*: le moment où.

3. *Que de gens assemblés*: dans sa folie, Harpagon semble prendre conscience de la présence du public que, par convention, les acteurs ne «voient» pas.

4. *commissaires*: le commissaire est «un officier de police, qui a soin de faire observer par les bourgeois de Paris les règlements et les ordonnances de la Police» (Académie, 1762).

5. *archers*: «Se dit aujourd'hui plus particulièrement de ceux qui accompagnent les prévôts pour les captures ou pour exécuter quelques ordres, quoiqu'ils ne portent que des halle-bardes ou des carabines.» (Furetière)

6. *prévôts*: sans doute des prévôts des maréchaux qui «sont des officiers royaux réputés du corps de la gendarmerie». Ils s'occupent des crimes et délits «comme assassinat, vol de grand chemin, port d'arme, incendie, fausse monnaie, etc.» (Furetière). Cayrou précise que, à Paris, le prévôt des maréchaux est à la tête des archers.

des potences, et des bourreaux[1]. Je veux faire pendre tout le monde ; et si je ne retrouve mon argent, je me pendrai moi-même après.

~~~~~~~~~~~~~~~~

18. *Comparez les personnages du Père Ubu et d'Harpagon. Qu'ont-ils en commun ? Sur quels points diffèrent-ils ?*

- Ils partagent des attitudes similaires :
  – l'obsession de l'argent…
  – l'isolement dans lequel s'enferment les personnages…
- On peut, cependant, observer certaines différences :
  – la prise de conscience des personnages face à leur obsession…
  – les sentiments éprouvés sont opposés…

-----

1. *des gênes, des potences, et des bourreaux* : « Les vols de grand chemin sont punis de la roue ; les vols domestiques, de la corde. » (Furetière)

La perte du pouvoir
(Acte IV, scènes 3 et 4)

L'extrait choisi couvre les scènes 3 et 4 de l'acte IV. Ces deux scènes seront décisives quant au dénouement de la pièce, car le Czar et l'armée russe menacent d'envahir la Pologne et de détrôner le Père Ubu. Ce dernier marche à leur rencontre avec ses hommes, tout en mettant au point sa stratégie. Malgré ses discours grandiloquents, le Père Ubu se révèle un bien piètre général de guerre.

PETIT LEXIQUE PRÉPARATOIRE À LA COMPRÉHENSION DU TEXTE

Nous vous suggérons de chercher dans *Le Petit Robert 1* les mots en caractères gras, dont vous auriez intérêt à vous méfier. Cette recherche vous amènera à mieux comprendre le texte, en vous aidant notamment à saisir certaines nuances de la langue française du XIXe siècle, en apparence proche de la nôtre, mais qui nous réserve parfois des surprises. Ce faisant, remarquez bien l'étymologie des mots et notez le moment de leur apparition dans la langue.

ANALYSE DU TEXTE

Puisque vous en êtes à votre deuxième analyse, vous ne trouverez ici ni pistes ni réponses. Vous devrez développer, nuancer et justifier vos réponses en vous appuyant systématiquement sur le texte.

Dans cette scène, Jarry se livre à une véritable parodie du genre épique* (tonalité). En effet, plutôt que de faire ressortir les vertus militaires du Père Ubu, la description de la bataille contre les Russes révèle à la fois son incompétence et sa lâcheté.

PREMIÈRE APPROCHE : COMPRENDRE LE TEXTE

Les questions qui suivent visent à bien vous faire saisir le sens général du texte et plus particulièrement la portée de certains mots, tournures, courts passages ou constructions syntaxiques. Certaines de ces questions pourraient être reprises plus loin, de manière à vous permettre d'atteindre une compréhension plus fine, plus nuancée, plus intégrée du texte.

1. *Quel est l'enjeu au cœur de chacune de ces deux scènes?*

2. *Quel lien le Père Ubu entretient-il avec ses armes?*

3. *Expliquez la tactique militaire du Père Ubu développée dans la scène 3.*

4. *Justifiez l'emploi de cette expression du Père Ubu: «Jusqu'ici je sens sur mon front plus de bosses que de lauriers» (lignes 760-761).*

5. *Dans la scène 4, quelle est la réaction du Père Ubu face à l'attaque des Russes?*

6. *Quels éléments indiquent que le Père Ubu ne prend pas les bonnes décisions, lorsqu'on observe les événements de l'action en cours?*

DEUXIÈME APPROCHE : ANALYSER LE TEXTE

Ici, les questions approfondissent celles de l'étape précédente et, surtout, abordent les aspects formels du texte. Elles vous permettent d'en évaluer les sous-entendus, en montrant, par exemple, le rôle de la ponctuation ou du temps des verbes, en faisant voir la portée d'une figure de style, la force d'une argumentation, l'effet de la tonalité dominante du texte, etc. C'est aussi l'occasion de vous amener à faire des liens entre fond et forme, à saisir en somme ce qui fait le propre du texte littéraire.

7. *Dans la scène 3, relevez divers procédés* d'écriture qui montrent que le Père Ubu tente d'exercer son autorité. Commentez l'effet de chacun de ces procédés.*

8. *Dans la même scène, observez le langage. Relevez les références au Moyen Âge et dites pourquoi les personnages y recourent.*

9. *Dans la scène 4, relevez trois gradations* qui mettent en relief la propension du Père Ubu à l'exagération.*

10. *À partir des éléments formels relevés à la scène 3, trouvez leurs équivalents dans la scène 4. Dites, en conclusion, ce qui a changé dans le langage du Père Ubu.*

11. *À la question 6, nous avons évoqué le manque de jugement du Père Ubu. Cette incompétence semble prendre sa source dans la naïveté plutôt que dans l'orgueil, une naïveté typique d'un caractère infantile. Relevez d'autres passages dans les deux scènes où le Père Ubu agit comme un enfant avec égocentrisme, irresponsabilité ou couardise.*

12. *Montrez comment le Père Ubu passe de la confiance (à la scène 3) à la peur (à la scène 4).*

TROISIÈME APPROCHE : COMMENTER LE TEXTE

Les questions qui suivent visent à vous amener à établir des relations entre divers éléments du texte et, par déduction, à proposer des interprétations. Dans un premier temps, elles présentent des réflexions sur l'ensemble du texte, autour d'une problématique esquissée aux approches précédentes. Dans un deuxième temps, elles visent à vous faire établir des liens entre le texte analysé et un autre extrait de l'œuvre (Comparaison avec un autre extrait de l'œuvre), puis elles proposent une incursion dans des textes du même auteur ou d'auteurs différents (Comparaison avec une autre œuvre).

Ce type de commentaire suppose une compréhension profonde du texte, servie par une sensibilité aiguë, et développe une quête permanente de cohérence de même qu'une recherche d'intégration culturelle, elle-même en constante évolution.

13. *On retrouve, dans ces scènes, une parodie du discours militaire. Cette parodie est fondée sur le double discours tenu par le Père*

Ubu. Si, d'un côté, il tente d'avoir les paroles dignes d'un diri-geant, de l'autre, il laisse échapper des réflexions personnelles qui révèlent son infantilisme, son égoïsme et sa lâcheté. Expliquez le fonctionnement de la parodie en relevant ce qui distingue le dis-cours public du discours privé sur le plan de la forme. Expliquez ensuite l'effet créé par ces éléments formels.

Comparaison avec un autre extrait de l'œuvre

14. *Comparez la scène de la lutte contre l'ours (scène 6 de l'acte IV) à celles du combat contre les Russes. Faites ressortir les res-semblances dans le comportement du Père Ubu. Y a-t-il des différences ? Ses hommes réagissent-ils de la même façon ?*

Comparaison avec une autre œuvre

VICTOR HUGO (1802-1885) EST L'UN DES ÉCRIVAINS FRANÇAIS LES PLUS CÉLÈBRES : IL A ÉTÉ TOUT À LA FOIS DRAMATURGE, ROMANCIER, ESSAYISTE, POÈTE ET HOMME POLITIQUE. EN 1853, HUGO PUBLIE, DEPUIS SON EXIL DE GUERNESEY, LES CHÂTIMENTS, UN RECUEIL DANS LEQUEL IL EXPOSE TOUTE SA RANCŒUR CONTRE NAPOLÉON BONAPARTE, QUI, SELON LUI, A PLONGÉ LA FRANCE DANS UNE GRAVE CRISE POLITIQUE.

LES SEPT LIVRES QUI COMPOSENT LES CHÂTIMENTS CONSTITUENT UNE SORTE DE JUGEMENT DE L'EMPEREUR. CET EXTRAIT EST TIRÉ DU POÈME XIII, « L'EXPIATION », QUI APPARTIENT AU LIVRE V INTITULÉ « L'AUTORITÉ EST SACRÉE ». L'ACTION SE SITUE SUR LES PLAINES DE WATERLOO EN BELGIQUE, OÙ NAPOLÉON SERA DÉFAIT ET PAR LA SUITE CONDAMNÉ À L'EXIL.

« L'Expiation », partie II [1]

[...]
Le soir tombait ; la lutte était ardente et noire.
Il [2] avait l'offensive et presque la victoire ;
Il tenait Wellington acculé sur un bois.
Sa lunette [3] à la main, il observait parfois
5   Le centre du combat, point obscur où tressaille
La mêlée, effroyable et vivante broussaille,
Et parfois l'horizon, sombre comme la mer.
Soudain, joyeux, il dit : Grouchy [4] ! – C'était Blucher.
L'espoir changea de camp, le combat changea d'âme,
10   La mêlée en hurlant grandit comme une flamme.
La batterie anglaise écrasa nos carrés [5].
La plaine où frissonnaient les drapeaux déchirés,
Ne fut plus, dans les cris des mourants qu'on égorge,
Qu'un gouffre flamboyant, rouge comme une forge ;
15   Gouffre où les régiments, comme des pans de murs,
Tombaient, où se couchaient comme des épis mûrs
Les hauts tambours-majors aux panaches énormes,
Où l'on entrevoyait des blessures difformes !
Carnage affreux ! moment fatal ! l'homme inquiet
20   Sentit que la bataille entre ses mains pliait.
Derrière un mamelon la garde était massée.

---

1. Tiré de Victor HUGO. *Poésie I*, Paris, l'Intégrale/Seuil, 1972, p. 551.

2. *Il* : il s'agit bien sûr de Napoléon Bonaparte (1769-1821), qui, sur la plaine de Waterloo, est devant son ennemi, le général anglais Arthur Wellesley de Wellington (1769-1852).

3. *lunette* : lunette d'approche.

4. *Grouchy* : Napoléon avait confié à Emmanuel Grouchy (1766-1847), maréchal de son armée, le soin de bloquer l'armée prussienne, dirigée par le général Gebhard Leberecht Blücher (1742-1819) et alliée des Anglais. Grouchy ne réussit pas cette manœuvre, et l'arrivée des 40 000 soldats prussiens constitue une cause décisive dans la défaite de Napoléon.

5. *carrés* : « Troupe disposée pour faire face des quatre côtés. » (*Le Petit Robert 1*)

La garde, espoir suprême et suprême pensée !
– Allons ! faites donner la garde, cria-t-il ! –
Et Lanciers, Grenadiers aux guêtres de coutil,
Dragons que Rome eût pris pour des légionnaires,
Cuirassiers, Canonniers[1] qui traînaient des tonnerres,
Portant le noir colback ou le casque poli,
Tous, ceux de Friedland et ceux de Rivoli[2],
Comprenant qu'ils allaient mourir dans cette fête,
Saluèrent leur dieu, debout dans la tempête.
Leur bouche, d'un seul cri, dit : vive l'empereur !
Puis, à pas lents, musique en tête, sans fureur,
Tranquille, souriant à la mitraille anglaise,
La garde impériale entra dans la fournaise.
Hélas ! Napoléon, sur sa garde penché,
Regardait, et, sitôt qu'ils avaient débouché
Sous les sombres canons crachant des jets de soufre,
Voyait, l'un après l'autre, en cet horrible gouffre,
Fondre ces régiments de granit et d'acier
Comme fond une cire au souffle d'un brasier.
Ils allaient, l'arme au bras, front haut, graves, stoïques.
Pas un ne recula. Dormez, morts héroïques !
Le reste de l'armée hésitait sur leurs corps
Et regardait mourir la garde. – C'est alors
Qu'élevant tout à coup sa voix désespérée,
La Déroute, géante à la face effarée,
Qui, pâle, épouvantant les plus fiers bataillons,
Changeant subitement les drapeaux en haillons,
À de certains moments, spectre fait de fumées,

1. *Et Lanciers, Grenadiers* […], *Dragons* […], *Cuirassiers, Canonniers* […] : sans doute par respect pour ces simples soldats morts au combat, Hugo utilise ici la majuscule.

2. *ceux de Friedland et* […] *de Rivoli* : c'est-à-dire les soldats français qui se battirent contre les Russes à la bataille de Friedland, le 14 juin 1807, et contre les Autrichiens à la bataille de Rivoli, le 14 janvier 1797. Ces deux batailles furent remportées par l'armée française.

50 Se lève grandissante au milieu des armées,
La Déroute apparut au soldat qui s'émeut,
Et, se tordant les bras, cria : Sauve qui peut !
Sauve qui peut ! affront ! horreur ! toutes les bouches
Criaient ; à travers champs, fous, éperdus, farouches,
55 Comme si quelque souffle avait passé sur eux,
Parmi les lourds caissons et les fourgons poudreux,
Roulant dans les fossés, se cachant dans les seigles,
Jetant shakos, manteaux, fusils, jetant les aigles[1],
Sous les sabres prussiens, ces vétérans, ô deuil !
60 Tremblaient, hurlaient, pleuraient, couraient ! — En un clin d'œil,
Comme s'envole au vent une paille enflammée,
S'évanouit ce bruit qui fut la grande armée,
Et cette plaine, hélas, où l'on rêve aujourd'hui,
Vit fuir ceux devant qui l'univers avait fui !
65 Quarante ans sont passés[2], et ce coin de la terre,
Waterloo, ce plateau funèbre et solitaire,
Ce champ sinistre où Dieu mêla tant de néants,
Tremble encor d'avoir vu la fuite des géants !
[…]

15. *Dressez un tableau des ressemblances relatives au fond et à la forme que l'on peut observer entre cette description de la bataille de Waterloo et celle que l'on retrouve dans l'extrait d'*Ubu roi. *Expliquez pourquoi, malgré ces ressemblances, l'effet produit par les deux textes est bien différent.*

---

1. *aigles* : à l'instar des armées romaines de l'Antiquité, Napoléon avait adopté l'aigle comme symbole de son armée.
2. *Quarante ans sont passés* : Victor Hugo écrit *Les Châtiments* en 1853, soit près de 40 ans après la bataille de Waterloo, qui eut lieu le 18 juin 1815.

Annexe I

LEXIQUE DES TERMES APPARTENANT À L'UNIVERS D'*UBU ROI*

- **Bâton-à-physique**: sceptre du Père Ubu. Ce dernier l'utilise comme arme défensive (pour bloquer la porte) ou comme arme offensive (pour massacrer ses ennemis). Voir aussi «Physique».
- **Bordure**: nom emprunté à l'héraldique: «Pièce honorable qui occupe le pourtour intérieur de l'écu.» (*Petit Robert*) Visuellement, la représentation de la bordure rappelle un sphincter anal.
- **Boudouille**: terme désignant le ventre du Père Ubu. L'auteur semble s'être inspiré du mot *berdouille*, régionalisme signifiant «bedaine». Il évoque aussi le mot *citrouille*, une représentation plutôt fidèle du ventre du Père Ubu.
- **Bouffre, bouffresque**: insulte inventée par le Père Ubu. On y retrouve le préfixe péjoratif «bouff-» (qui rappelle les mots *bouffi* et *bouffon*) et l'ajout de la lettre «r» caractéristique de plusieurs créations verbales ubuesques (*merdre, rastron*). L'ajout du suffixe «-esque» permet de former le féminin. Ce suffixe est souvent employé dans les néologismes, plus particulièrement dans les adjectifs marquant la démesure.
- **Bougre de merdre**: juron créé par le Père Ubu. En raison de leur fonction d'exutoire, les jurons contiennent toujours des allusions religieuses ou corporelles (principalement sexuelles ou scatologiques). Le juron est ici composé de *bougre*, défini comme un «jurement très grossier» (*Littré*), et de *merdre*, une allusion ubuesque aux excréments.
- **Bougrelas**: nom inventé présentant le suffixe «-las», courant dans les noms des rois polonais (Boleslas, Stanislas, Ladislas, Venceslas). On peut y voir un jeu de mots (bougre – las). Le *bougre* étant «celui qui se livre à la débauche contre nature: dénomination venue de ce que les haines populaires accusaient les hérétiques de

désordres infâmes» (*Littré*), et l'adjectif *las* évoquant la passivité.
Bougrelas serait donc un sodomite passif.

- **Bouquin à Nobles**: le bouquin est un «bec adapté à une corne de
bœuf pour en faire une trompe de chasse» (*Petit Robert*). Dans ce
contexte, il pourrait s'agir d'un instrument de torture semblable
au pal, ce pieu de bois aiguisé que l'on introduisait dans le fondement des condamnés. Les Nobles, possesseurs de la majorité de
la «phynance» disponible, sont les victimes toutes désignées des
séances d'extorsion ubuesque; il existe donc des instruments de
torture conçus spécifiquement pour eux.
- **Bouzine**: terme désignant le ventre du Père Ubu. Emprunté à
l'œuvre de Rabelais, où il désigne une sorte de cornemuse, ce mot
rappelle une gigantesque panse ne demandant qu'à être remplie.
- **Caisse à Nobles**: le terme *caisse* renvoie à un usage ancien: «Terme
de chirurgie. Caisse à amputation, caisse à trépan, caisse contenant les instruments nécessaires pour amputer, trépaner. Caisse
à médicaments, boîte garnie d'instruments, de médicaments.»
(*Littré*) Il s'agit probablement de l'arsenal des instruments nécessaires à la torture et à l'extorsion de la «phynance» des Nobles.
- **Calard**: insulte créée spontanément par le Père Ubu, probable-
ment en raison de son homophonie plutôt que de son sens réel.
- **Casque à finances**: l'une des rares composantes de l'armement
ubuesque à avoir une valeur défensive plutôt qu'offensive. Voir
aussi «Phynance».
- **Chambre-à-sous**: voir «Sous-sols du Pince-Porc».
- **Chandelle**: voir «De par ma chandelle verte».
- **Chanson à Finances**: probablement un hymne à la défécation.
Voir «Phynance».
- **Cheval à Phynances**: nom que le Père Ubu donne à sa monture.
Voir «Phynance».
- **Chiens à bas de laine**: on retrouve ces chiens dans la pièce *Ubu
cocu*; ils sont spécifiquement dressés pour aller arracher les
bas des pieds des rentiers, où ces derniers dissimulent leurs
économies.

- **Ciseau à merdre**: l'une des composantes de l'arsenal guerrier du Père Ubu. On remarquera que cet arsenal sert surtout à la torture: les blessures infligées par le ciseau défigurent davantage qu'elles ne tuent. Quant au terme *merdre*, il évoque le supplice du pal (enfoncement d'un pieu aiguisé dans le fondement du condamné). Voir aussi « Merdre ».

- **Ciseau à oneilles**: l'une des composantes de l'arsenal guerrier du Père Ubu. Il évoque plutôt un outil de torture ou de divertissement sadique qu'une arme. Voir aussi « Oneilles ».

- **Conseillers de Phynances**: le terme *conseillers* désigne les membres d'un conseil, soit une « réunion de personnes qui délibèrent, donnent leur avis sur des affaires publiques ou privées » (*Petit Robert*). Ces personnages semblent, en effet, avoir pour fonction d'aider le Père Ubu à trouver des moyens d'extorquer le plus possible de « phynance » (voir aussi ce terme).

- **Cornebleu**: juron créé par le Père Ubu. Les jurons contiennent toujours des allusions religieuses ou corporelles (principalement sexuelles ou scatologiques). On voit ici l'allusion au sexe masculin, par le terme *corne*, et à Dieu, par le suffixe « -bleu », traditionnellement employé dans les jurons comme une déformation de *dieu*.

- **Corne d'Ubu**: juron créé par le père Ubu. Les jurons contiennent toujours des allusions religieuses ou corporelles (principalement sexuelles ou scatologiques). On voit ici l'allusion au sexe masculin par le terme *corne*. Le Père Ubu jure en utilisant son propre nom; cela prouve-t-il qu'il se considère comme sacré? On remarquera la similitude avec le juron *cornebleu*, ce qui souligne le lien étroit entre Ubu et Dieu. Voir aussi « Cornebleu ».

- **Corne finances (ou cornefinance)**: juron créé par le Père Ubu. Les jurons contiennent toujours des allusions religieuses ou corporelles (principalement sexuelles ou scatologiques). On voit ici l'allusion au sexe masculin, par le terme *corne*, et à la trinité ubuesque, par le terme *finances*, l'une de ses trois composantes. Voir aussi « Phynance ».

- **Cornegidouille**: juron créé par le Père Ubu. Les jurons contiennent toujours des allusions religieuses ou corporelles (principalement sexuelles ou scatologiques). On voit ici l'allusion au sexe masculin, par le terme *corne*, et au ventre du Père Ubu, par le terme *gidouille*.
- **Corne physique**: juron créé par le Père Ubu. Les jurons contiennent toujours des allusions religieuses ou corporelles (principalement sexuelles ou scatologiques). On voit ici l'allusion au sexe masculin, par le terme *corne*, et à la trinité ubuesque, par le terme *physique*, l'une de ses trois composantes. Voir aussi «Physique».
- **Cotice**: nom emprunté à l'héraldique: «Bande étroite traversant diagonalement l'écu.» (*Petit Robert*) Tout comme *giron* et *pile*, ce terme évoque un pal. Voir aussi «Palotins».
- **Couteau à figure**: instrument faisant partie de l'arsenal guerrier du Père Ubu. On peut imaginer qu'il sert spécifiquement à défigurer ses adversaires.
- **Couteau à Nobles**: instrument qui servirait plus à dépecer qu'à tuer. Les Nobles, possesseurs de la majorité de la «phynance» disponible, sont les victimes toutes désignées des séances d'extorsion ubuesque; il existe donc des instruments de torture conçus spécifiquement pour eux.
- **Croc à finances**: instrument faisant partie de l'arsenal guerrier du Père Ubu. Le croc est une «longue perche dont le bout est armé d'un crochet» (*Littré*). Voir aussi «Phynance».
- **Croc à merdre**: instrument faisant partie de l'arsenal guerrier du Père Ubu. Le croc est une «longue perche dont le bout est armé d'un crochet» (*Littré*). Voir aussi «Merdre».
- **Crochet à Nobles**: cet instrument se rapproche probablement du «*[c]rochet de boucherie*, servant à suspendre la viande» (*Petit Robert*). Les Nobles, possesseurs de la majorité de la «phynance» disponible, sont les victimes toutes désignées des séances d'extorsion ubuesque; il existe donc des instruments de torture conçus spécifiquement pour eux.

- **De par ma chandelle verte** : cette expression est une forme atténuée de juron utilisée pour donner plus de solennité aux paroles du Père Ubu. Il n'existe pas de définition claire : il pourrait s'agir d'un symbole phallique, d'une allusion à l'absinthe (boisson alcoolisée de couleur verte) ou d'une métaphore des sécrétions nasales.

- **De par ma merdre** : cette expression est une forme atténuée de juron utilisée pour donner plus de solennité aux paroles du Père Ubu. Issus du ventre, les excréments reçoivent du Père Ubu toute sa considération. Ils participent à la construction d'une trinité ubuesque. Voir aussi « Merdre ».

- **Estocader** : néologisme du Père Ubu créé à partir du mot *estocade*, qui signifie « coup d'épée ».

- **Finance** : voir « Phynance ».

- **Giborgne** : terme désignant le ventre du Père Ubu, et qui est probablement une déformation de *giberne*, grand sac que l'on porte sur l'épaule. Il évoque une gigantesque panse ne demandant qu'à être remplie. Il est aussi utilisé dans un calque des expressions *ma foi* ou *ma parole* (*ma giborne*), ce qui révèle le très fort attachement que le Père Ubu éprouve pour sa bedaine.

- **Gidouille** : terme désignant le ventre du Père Ubu. Il s'agit probablement d'un croisement entre *giborne* (foi, parole) et *boudouille* (voir aussi ces mots).

- **Giron** : nom emprunté à l'héraldique : « Surface triangulaire dont la pointe aboutit au centre de l'écu. » (*Petit Robert*) Tout comme *cotice* et *pile*, ce terme évoque un pal. Voir aussi « Palotins ».

- **Grippe-Sous** : le terme renvoie d'ordinaire à une personne avare, mais s'orthographie plutôt *grippe-sou*. Ces serviteurs du Père Ubu doivent donc leur nom au verbe *gripper* qui signifie, « par extension et familièrement, dérober, ravir le bien d'autrui » (*Littré*). Leur fonction est d'extorquer la « phynance ».

- **Jambedieu** : juron emprunté à Rabelais (*Quart Livre*, chapitre L) : « Aussi (luy respondirent ses compaignons) tu as une iambe de Dieu. »

- **Jarnicotonbleu**: juron créé par le Père Ubu, à partir du modèle ancien *jarnidieu* («je renie Dieu») et *jarnicoton* («je renie Coton», qui était le confesseur du roi Henri IV).
- **Je te poche**: voir «Pôche/poche».
- **Ji, Ji lon, Ji tou**: créations verbales pseudo-archaïques du Père Ubu. Cette déformation des pronoms *je*, *le/la* et *te* survient uniquement lorsque le Père Ubu parle de tuer ou de «mettre dans la poche». Selon Marie-France Azéma (*Ubu roi d'Alfred Jarry*, Paris, Librairie Générale Française, 2000), la déformation du *je* pourrait suggérer un rictus cruel.
- **Ji lon fous à la poche**: voir «Pôche/poche» et «Ji, Ji lon, Ji tou».
- **Larbins (ou Larbins de Phynances)**: le terme *larbin* est péjoratif; au sens figuré, il signifie «individu servile» (*Petit Robert*). On peut donc imaginer qu'il s'agit de serviteurs de deuxième classe, de tâcherons affectés aux basses besognes relatives à la collecte de «phynances». Voir aussi ce terme.
- **Lumelles**: mot inspiré de *allumelles*, utilisé par Rabelais dans le prologue du *Tiers Livre* (1546), qui vient du mot *alumelle* et qui signifie «Lame de couteau, ou Lame d'épée longue et mince. Il est vieux.» (*Dictionnaire de l'Académie française*, 1832-35)
- **Maître des Finances**: une fois que le Père Ubu s'est emparé du trône, il se qualifie de «Maître des Phynances» puisqu'il possède le pouvoir de soutirer par la force toutes les ressources disponibles dans le royaume de Pologne. Voir aussi «Phynances».
- **Mathias de Königsberg**: aucun roi polonais n'a porté le nom de Mathias. Cependant, la ville de Königsberg a déjà existé et se nomme aujourd'hui Kaliningrad.
- **Merdre**: formant la trinité ubuesque avec la «phynance» et la «physique», le terme *merdre* est celui qui est le plus fréquemment employé dans la pièce. On le retrouve dans les jurons inventés par le Père Ubu, dans les termes servant à désigner son arsenal militaire ainsi que dans les ordres qu'il donne. Les invités du repas des conjurés en consomment également. L'allusion aux excréments est renforcée par l'ajout du «r». À une époque où il y a abondance

d'euphémismes, tels que *le mot de Cambronne* pour remplacer *merde*, l'emploi de ce même mot, déformé de manière à en accentuer la grossièreté, constituait une véritable provocation.

- **Merdre de bougre**: juron. En raison de leur fonction d'exutoire, les jurons contiennent toujours des allusions religieuses ou corporelles (principalement sexuelles ou scatologiques). Le juron est ici composé de *bougre*, défini comme un «jurement très grossier» (*Littré*), et de *merdre*, allusion ubuesque aux excréments.

- **Oneilles**: dans l'*Almanach illustré du Père Ubu* (1901), le Père Ubu justifie ainsi sa graphie du mot *oreille*: «J'écris *phynance* et *oneille* parce que je prononce *phynance* et *oneille* et surtout pour bien marquer qu'il s'agit de *phynance* et d'*oneilles*, spéciales, personnelles, en quantité et qualité telles que personne n'en a, sinon moi… et si l'on n'est pas content, je me mettrai à rédiger houneilles et pfuinance, et ceux qui réclameront encore ji lon fous à lon pôche!!!»

- **Palotins**: serviteurs que l'on retrouve aussi dans la pièce *Ubu cocu*. Leur nom vient de leur spécialisation: l'administration du supplice du pal, soit l'introduction d'un pieu aiguisé dans le fondement des condamnés. Le terme *palot* est d'ailleurs un «diminutif de pal» (*Littré*). Dans son texte *Visions actuelles et futures*, Jarry explique que les palotins seraient faits de caoutchouc, et qu'il en existe «d'explosifs de par leur seul vouloir».

- **Petit bout de bois**: selon les gravures représentant le Père Ubu, il s'agirait d'une petite canne. C'est un substitut du bâton-à-physique (voir ce mot). Il peut servir d'arme ou d'instrument de torture, puisque le Père Ubu menace de l'enfoncer dans les «oneilles» de ses ennemis.

- **Phynance (ou phynances ou finances)**: rappelons que la pièce *Ubu roi* est inspirée d'une farce écrite par des étudiants du collège de Rennes pour se moquer de Félix Hébert, leur professeur de physique. On peut ainsi voir dans la graphie de «phynance» un rappel de la matière enseignée par Hébert. Formant la trinité ubuesque avec la «physique» et la «merdre», la «phynance» fait partie des jurons inventés par le Père Ubu, dans les termes servant à désigner son arsenal militaire ainsi que dans les ordres qu'il donne. Bien que le terme évoque l'argent, sa signification est beaucoup plus large dans l'univers ubuesque. Accumuler de la «phynance», c'est satisfaire ses envies les plus égoïstes au détriment d'autrui, sans en éprouver de remords.

- **Physique**: rappelons que la pièce *Ubu roi* est inspirée d'une farce écrite par des étudiants du collège de Rennes pour se moquer de Félix Hébert, leur professeur de physique. Cela explique l'abondance de termes composés à partir de ce mot. On peut même voir dans la graphie de «phynance» un rappel de la matière enseignée par Hébert. La physique évoquée par le Père Ubu n'a cependant plus grand-chose à voir avec la science qu'on connaît. Formant la trinité ubuesque avec la «phynance» et la «merdre», la «physique» fait partie des jurons inventés par le Père Ubu, dans les termes servant à désigner son arsenal militaire ainsi que dans les ordres qu'il donne. Dans «Autre présentation d'Ubu roi», Jarry précise que, pour Ubu, «*la physique* [...] est la nature comparée à l'art, le moins de compréhension opposé au plus de cérébralité, la réalité du consentement universel à l'hallucination de l'intelligent, Don juan à Platon, la vie à la pensée, le scepticisme à la croyance, la médecine à l'alchimie, l'armée au duel [...]».

- **Pile**: nom emprunté à l'héraldique: «Pièce honorable de l'écu, en forme de coin dont la pointe est tournée vers le bas.» (*Petit Robert*) Tout comme *cotice* et *giron*, ce terme évoque un pal. Voir «Palotins».

- **Pistolet à phynances**: instrument faisant partie de l'arsenal guerrier du Père Ubu. C'est l'une des rares armes parmi plusieurs outils de torture. Voir aussi «Phynance».

- **Pôche/poche**: malgré la différence de graphie, il semble toujours être question du même objet. L'ajout d'un accent circonflexe sur le «o» sert probablement à donner plus de solennité au mot. Cette poche où le Père Ubu menace d'envoyer ses ennemis serait un équivalent de la trappe par où passent les Nobles.

C'est une cavité d'où l'on ne ressort plus, une sorte de système de digestion.

- **Polochon**: injure ubuesque qui désigne un animal sans tête et à deux postérieurs (l'un devant et l'autre derrière), ressemblant vaguement à un porc.

- **Polognard**: allusion dépréciative (en raison du suffixe « -ard ») à la nationalité de Bougrelas. Rappelons que, bien que roi de Pologne, le Père Ubu n'est pas polonais.

- **Rastron**: animal imaginaire. Le terme est peut-être dérivé de *raton*. On y retrouve le même ajout de la lettre « r » que dans *merdre*.

- **Rensky, Nicolas**: personnage inventé par Jarry. Il s'agit du seul nom qui n'est pas inspiré d'un personnage authentique de l'histoire de l'ancien royaume de Pologne ou de Russie.

- **Rosemonde**: aucune reine connue de Pologne n'a porté ce nom. Une note de l'auteur suggérait que la comédienne l'incarnant devrait s'exprimer avec l'accent du Cantal, un département français de l'Auvergne, assez paysan, à l'est de l'Aquitaine.

- **Sabre à finances**: instrument faisant partie de l'arsenal guerrier du Père Ubu. C'est l'une des rares armes parmi plusieurs outils de torture. L'expression est utilisée également comme juron, sur le modèle du juron connu *sabre de bois*. Voir aussi « Phynance ».

- **Sabre à merdre**: instrument faisant partie de l'arsenal guerrier du Père Ubu. Les possibilités d'utilisation de cette arme rappellent le supplice du pal, durant lequel on introduisait un pieu dans le fondement des condamnés.

- **Salopins**: la graphie ancienne de *salaud* est *salop*. Quant à la finale en « in », elle semble propre à tous les serviteurs d'Ubu (« palotins », « larbins »). On peut imaginer que les salopins sont des valets sans morale chargés d'effectuer toutes les tâches répugnantes pour quiconque ayant une conscience chatouilleuse.

- **Salopins de finance**: voir « Salopins ».

- **Sous-sols du Pince-Porc et de la Chambre-à-Sous**: lieux de torture mystérieux, auxquels on accède en passant par la trappe, ou en tombant dans un trou. Le nom *Pince-Porc* suggère une boucherie (tout comme l'allusion aux «crochets»). L'ensemble évoque une gigantesque mécanique de dépeçage servant à extirper la «phynance» des Nobles jusqu'à la dernière miette; les «sous» ainsi obtenus pourront être envoyés directement dans la voûte de la «Chambre-à-sous».

- **Tuder**: la déformation du verbe *tuer* n'est pas anodine: elle sert à montrer la multitude de façons de donner la mort dans l'univers ubuesque, où les ennemis sont déchirés, fendus en deux ou en quatre, décervelés, etc.
- **Visiter mes poches**: voir «Pôche / poche».
- **Voiturin (ou voiturin à phynances)**: coffre sur roulettes destiné à recueillir et à transporter la phynance du Père Ubu. Le terme *voiturin* existe et signifie «celui qui loue à des voyageurs des voitures attelées et qui les conduit» ou encore «la voiture même que conduisent les voiturins» (*Littré*). Voir aussi «Phynance».
- **Vrout**: création verbale de la Mère Ubu, qui pourrait être une variante de *prout*, ancien terme de mépris ou interjection imitant le bruit d'un pet.

Annexe II

TABLEAU SYNOPTIQUE D'ALFRED JARRY ET DE SON ÉPOQUE

* au Québec ou au Canada

	Vie et œuvre de Jarry	Contexte culturel	Contexte sociohistorique
1870		Paul Verlaine, *La Bonne Chanson*.	Guerre franco-prussienne. Instauration de la IIIᵉ République en France.
1871			Commune de Paris.
1873	Naissance, le 8 septembre, d'Alfred Henry Jarry à Laval (France).	Arthur Rimbaud, *Une saison en enfer*.	Mort de Napoléon III.
1876		Stéphane Mallarmé, *L'Après-midi d'un faune*. Gustave Moreau, *L'Apparition* (peinture).	
1877		Émile Zola, *L'Assommoir*. Gustave Flaubert, *Trois contes*.	
1878			Adoption de *La Marseillaise* comme hymne national français.
1879	Séparation des parents de Jarry. Déménagement avec sa mère et sa sœur, à Saint-Brieuc. Études au lycée de Saint-Brieuc.	* Naissance d'Émile Nelligan à Montréal.	

	Vie et œuvre de Jarry	Contexte culturel	Contexte sociohistorique
1881		* Laure Conan, *Angéline de Montbrun*.	La loi sur la liberté de la presse est établie en France. Assassinat du tsar de Russie Alexandre II. Alexandre III lui succède.
1884		Paul Verlaine, *Les Poètes maudits*. Leconte de Lisle, *Poèmes tragiques*. J.-K. Huysmans, *À rebours*.	Loi autorisant les syndicats en France.
1885	Jarry compose ses premières comédies.	Émile Zola, *Germinal*. Guy de Maupassant, *Bel-Ami*. Mort de Victor Hugo.	
1886		Arthur Rimbaud, *Illuminations*. Pierre Loti, *Pêcheur d'Islande*.	
1887		Création du Théâtre-Libre par André Antoine, avec l'aide d'Émile Zola. Stéphane Mallarmé, *Poésies complètes*. * Louis Fréchette, *La Légende d'un peuple*.	Loi française laïcisant le personnel des écoles publiques.

	Vie et œuvre de Jarry	Contexte culturel	Contexte sociohistorique
1888	Déménagement avec sa mère et sa sœur, à Rennes. Poursuite de ses études au lycée de Rennes. Rencontre des frères Morin et du professeur de physique Félix-Frédéric Hébert. Représentation, au domicile des Morin, de la pièce *Les Polonais*.		
1889		Fondation de la revue *Le Mercure de France* par Alfred Valette. Henri Bergson, *Essai sur les données immédiates de la conscience*.	Exposition universelle de Paris. Inauguration de la tour Eiffel.
1890	Rédaction de la pièce *Ubu cocu* (publication posthume). Obtention de son baccalauréat en lettres.	Vincent Van Gogh, *Le Champ de blé aux corbeaux* (peinture). Émile Zola, *La Bête humaine*.	Chute de Bismarck, chef d'État allemand.
1891	Déménagement avec sa mère, à Paris. Première tentative d'entrée à l'École normale supérieure. Entrée au lycée Henri-IV. Jarry loue un petit appartement, qu'il baptise le « calvaire du trucidé », et en fait un atelier dans lequel il élaborera les premières versions d'*Ubu roi*.	Oscar Wilde, *Le Portrait de Dorian Gray*. Paul Gauguin part à Tahiti.	Le pape Léon XIII promulgue l'encyclique *Rerum novarum* (*Les choses nouvelles*) sur la question sociale.

	Vie et œuvre de Jarry	Contexte culturel	Contexte sociohistorique
1892	Deuxième tentative d'entrée à l'École normale supérieure.	Paul Gauguin, *Paroles du diable* (peinture). Maurice Maeterlinck, *Pelléas et Mélisande.* Henri de Toulouse-Lautrec, *Aristide Bruant dans son cabaret* (peinture).	
1893	Dernière tentative d'entrée à l'École normale supérieure. Mort de sa mère, Caroline Quernest, à Paris. Publication de ses premiers textes dans différentes revues parisiennes.	Création du Théâtre de l'Œuvre par Aurélien Lugné-Poë.	
1894	Deux tentatives pour entrer à la Sorbonne (lettres). Fréquentation de Rachilde, de Paul Gauguin, de Stéphane Mallarmé et de Jean-Paul Fargue. Publication des *Minutes de sable mémorial* aux éditions du Mercure de France. Première représentation d'*Ubu roi* devant un public restreint, au « calvaire du trucidé ». Rencontre d'Aurélien Lugné-Poë.	Pierre Louÿs, *Chansons de Bilitis.* Jules Renard, *Poil de Carotte.*	L'Affaire Dreyfus commence.

	Vie et œuvre de Jarry	Contexte culturel	Contexte sociohistorique
1895	Jarry est réformé et quitte son service militaire pour cause de maladie.	* Fondation de l'École littéraire de Montréal.	Mise au point du cinématographe par les frères Lumière.
	Mort de son père, Anselme Jarry. Il prend possession d'un second héritage qu'il dilapide en 18 mois.		
	Publication de *César-Antéchrist* aux éditions du Mercure de France.		
	Publication de la revue d'estampes, *Le Perhindérion*.		
1896	Publication d'*Ubu roi* aux éditions du Mercure de France en juin.	Georges Feydeau, *Le Dindon*.	
	Première représentation officielle d'*Ubu roi* au Théâtre de l'Œuvre, le 10 décembre.	Georges Courteline, *Un client sérieux*. Paul Valéry, *La Soirée avec Monsieur Teste*.	
1897	Rédaction de *Gestes et opinions du docteur Faustroll, 'pataphysicien* (publié en 1911).	Stéphane Mallarmé, *Un coup de dés jamais n'abolira le hasard*.	
		Edmond Rostand, *Cyrano de Bergerac*.	
		André Gide, *Les Nourritures terrestres*.	
		Claude Monet commence ses études sur les nymphéas (peinture).	

	Vie et œuvre de Jarry	Contexte culturel	Contexte sociohistorique
1898	Présentation d'*Ubu roi* au Théâtre des Pantins. Publication du premier *Almanach du Père Ubu illustré*.		Prenant position dans l'Affaire Dreyfus, Émile Zola publie *J'accuse*, une lettre ouverte dans *L'Aurore*.
1899			Guerre des Boers en Afrique du Sud.
1900	Publication d'*Ubu enchaîné* aux éditions de La Revue blanche.	Sigmund Freud, *L'Interprétation des rêves*. Maurice Barrès, *L'Appel au soldat*.	Ouverture de la deuxième Exposition universelle de Paris. Inauguration du premier métro à Paris.
1901	Présentation d'*Ubu sur la Butte* au Cabaret des Quat'z-arts. Publication du second *Almanach illustré du Père Ubu*.		
1902	Parution du roman *Le Surmâle* aux éditions de La Revue Blanche.		
1903			Premier tour cycliste de France.
1905		Claude Debussy, *La Mer*. Décès de Marcel Schwob.	Séparation de l'Église et de l'État en France. Publication de la théorie de la relativité restreinte d'Albert Einstein.
1906	Malade, Jarry retourne à Laval.		Encyclique de Pie X condamnant la séparation de l'Église et de l'État. Réhabilitation du capitaine Dreyfus.

	Vie et œuvre de Jarry	Contexte culturel	Contexte sociohistorique
1907	Mort de Jarry, le 1er novembre, à Paris.	Pablo Picasso, *Les Demoiselles d'Avignon* (peinture).	Encyclique de Pie X contre le modernisme.
1913		Guillaume Apollinaire, *Alcools*. Marcel Proust, *Du côté de chez Swann*. * Mort de Louis Hémon, auteur de *Maria Chapdelaine*.	
1948		Fondation du Collège de la 'Pataphysique.	

Annexe III

GLOSSAIRE DES NOTIONS LITTÉRAIRES

Accumulation
Figure d'insistance qui consiste à énumérer un grand nombre d'éléments de même nature et de même fonction dans le but de créer un effet de profusion. Il s'agit d'une énumération abondante, dense et très chargée, qui vise à produire un effet de surenchère.

Calembour
Jeu d'esprit qui repose sur la différence de sens de mots ayant des consonances voisines.

Champ lexical
Ensemble de mots qui, dans un texte, appartiennent au même thème ou sous-thème. Ces mots ont en commun d'évoquer, chacun à leur manière, divers aspects d'une réalité. On parle de champ lexical dans un contexte donné quand plusieurs mots renvoient à une même idée. Par exemple, dans le champ lexical du «feu» pourraient se trouver «flamme», «cendres», «fumée», «tisons», «rouge», etc.

Didascalie
Dans une œuvre théâtrale ou un scénario, texte qui sert à indiquer au lecteur (à l'acteur, au metteur en scène, etc.) le nom des personnages, leurs déplacements et l'intonation de leur voix, à préciser le temps et le lieu où se déroule l'action, etc.

Épique (Tonalité)
Par cette tonalité, le narrateur décrit les personnages et les événements pour qu'ils apparaissent plus grands que nature, héroïques et dotés de qualités extraordinaires. Elle met en œuvre des figures de style et des procédés visant à magnifier la réalité.

Familier (Niveau de langue)
Niveau de langue des conversations courantes, entre gens qui se connaissent bien, proche du style parlé.

Figures d'atténuation
Ensemble de figures qui altèrent le sens d'un mot par un effet de diminution de façon à rendre la réalité de ce mot plus acceptable. On retrouve la litote et l'euphémisme parmi ces figures.

Figures d'insistance
Ensemble de figures qui révèlent — sur les plans syntaxique et graphique —, par un effet d'accumulation ou d'amplification, l'importance d'un sujet, d'une émotion. Elles regroupent notamment l'anaphore, l'énumération, l'hyperbole, le parallélisme, la répétition.

Figures de style
Aussi appelées procédés rhétoriques, ces figures peuvent jouer sur la sonorité des mots, sur leur(s) sens, sur la syntaxe ou encore sur la mise en perspective des idées. Plus d'un procédé peut être appliqué à un énoncé.

Gradation
Figure d'insistance s'apparentant à l'énumération, la gradation est la juxtaposition d'au moins trois termes, organisée de manière ascendante ou descendante selon une progression en nombre, en taille, en intensité, etc.

Hyperbole
Figure d'insistance qui met en relief un mot, une idée par une exagération, traduite notamment par l'emploi de termes excessifs, afin de produire une forte impression.

Mélodrame
Né à la fin du XVIIIe siècle, le mélodrame est un genre théâtral populaire dans lequel des personnages très typés vivent une suite de rebondissements qui se concluent par une fin moralisante. Les effets de pathétique et l'exagération des sentiments nuisent parfois à la vraisemblance.

Métaphore
Figure de rapprochement qui établit un rapport d'analogie entre deux termes — de façon allusive — sans outil de comparaison. Il s'agit d'une comparaison implicite, d'une image condensée qui

fusionne le comparé et le comparant. On parle de «métaphore filée» lorsque la métaphore initiale se poursuit en une série d'images convergentes qui l'enrichissent. La métaphore est dite usée quand elle a perdu toute originalité à force d'être répétée. Exemple : le disque d'argent pour désigner la lune.

Mot-valise

Il s'agit d'un néologisme formé par l'amalgame de deux mots existant dans la langue française. Ces mots ont le plus souvent au moins une syllabe commune, ou des sonorités similaires.

Naturalisme

Apparue en France à la fin du XIXe siècle, cette école littéraire commande la description objective de la réalité, à la manière des scientifiques, et sa reproduction, de façon implacable, dans tout ce qu'elle a de trivial ou de sordide. Poussant à l'extrême les principes du réalisme, les naturalistes utilisent les notions des sciences expérimentales, en appliquent la méthode à l'évolution de leurs personnages dans leur milieu. Ils croient que l'homme est soumis au déterminisme et à son hérédité.

Néologisme

Mot nouveau, parfois obtenu par composition (*courriel* est issu de **courri**er et **él**ectronique), ou mot qui prend un sens nouveau, différent de celui existant (souris d'ordinateur). Il sert à désigner une réalité objective perçue par l'auteur ou à jouer avec le langage.

Niveau de langue

Registre de langue d'un personnage (ou d'un narrateur) qui le situe dans un contexte social et culturel donné. Voir «Familier».

'Pataphysique

Science du particulier, de l'exception, qui permet à toute chose ou à tout phénomène d'exister. Inventée par Alfred Jarry, la 'pataphysique prend la forme de discours scientifiques, philosophiques ou ésotériques, ou encore de jeux de mots. Elle vise l'expression de la singularité, de l'originalité et considère comme équivalents ce qui est sérieux et ce qui ne l'est pas.

Procédés d'écriture
Voir « Figures de style ».

Réalisme
Au milieu du XIXᵉ siècle, courant littéraire qui veut reproduire la réalité telle qu'on la voit en refusant toute forme d'idéalisation. Le réalisme est marqué par une tendance à représenter le côté banal et trivial des choses. Voir « Naturalisme ».

Répétition
Figure d'insistance qui consiste à reprendre plusieurs fois les mêmes termes, de façon rapprochée, pour mettre en évidence une idée, un sentiment.

Rythme
Retour à intervalles sensiblement égaux d'un repère constant : sonorités fortes, rimes, césures, accents toniques, disposition et longueur des vers ou des phrases créent le rythme et l'effet de musicalité.

Surréalisme
Mouvement littéraire du XXᵉ siècle défini par André Breton dans son *Manifeste du surréalisme* : « Automatisme psychique pur par lequel on se propose d'exprimer soit verbalement, soit par écrit, soit de toute autre manière, le fonctionnement de la pensée. Dictée de la pensée, en l'absence de tout contrôle exercé par la raison, en dehors de toute préoccupation esthétique ou morale. »

Symbolisme
Mouvement littéraire de la fin du XIXᵉ siècle et du début du XXᵉ siècle en réaction contre le réalisme, le naturalisme et le Parnasse. Pour les symbolistes, la poésie est le moyen qui permet de décrypter les apparences en établissant des rapprochements entre un objet concret et une idée ou un sentiment qu'il fait naître chez le poète. Par un langage imagé, le symbolisme touche au mystère de l'âme, au mysticisme, à l'idéalisme.

Théâtre de l'absurde
Nom donné à un type de théâtre apparu dans les années 1950 qui traite, tant par le fond que par la forme, de l'absurdité de l'existence,

reflétant ainsi les angoisses de l'après-guerre. Il présente des pièces sans intrigue ni structure cohérente, avec des personnages à la psychologie fuyante et des dialogues sans finalité apparente.

Tonalité

Atmosphère générale créée par un ensemble de mots, de tournures, de procédés, etc. La tonalité tient de la connotation, mais s'applique à un réseau d'éléments linguistiques dépassant le simple lexique et contribuant à un même effet. Sont parfois utilisés les mots *climat*, *registre* ou *style* pour désigner une tonalité. *Ton* s'applique plutôt à une réplique, une phrase, une expression, un mot, il entraîne un état affectif particulier chez le lecteur.

Tragique (Tonalité)

Ensemble des procédés utilisés par un auteur pour susciter une émotion sans doute moins violente que dans le cas de la tonalité pathétique, mais qui fait ressortir l'inexorabilité du destin et qui, la plupart du temps, ne laisse entrevoir que la mort comme issue à une situation donnée.

Vaudeville

Comédie populaire et légère, dont l'intrigue est fondée sur une série de malentendus et de rebondissements, parfois sur des sujets plus grivois.

Médiagraphie commentée

ŒUVRE D'ALFRED JARRY

JARRY, Alfred. *Tout Ubu*, coll. «Livre de poche», Paris, LGF, 1999, 501 p.

Réunis dans un même volume, le cycle théâtral complet du Père Ubu (Ubu roi, Ubu cocu, Ubu enchaîné, Ubu sur la Butte) ainsi que les Almanachs du Père Ubu.

OUVRAGE SUR ALFRED JARRY ET SON ŒUVRE

RACHILDE. *Alfred Jarry ou le surmâle de lettres*, coll. «Littérature générale», Paris, Arléa, 2007, 170 p.

Biographie écrite par l'amie et confidente de Jarry. Femme de lettres, épouse du directeur du Mercure de France, Alfred Vallette, Rachilde tenait aussi un salon littéraire. C'est donc tout un portrait de l'époque qui nous est livré de l'intérieur dans cette biographie.

ÉTUDES PORTANT SUR *UBU ROI*

JARRY, Alfred. *Ubu roi*, lecture accompagnée par Isabelle Schlichting-Pierron, coll. «La bibliothèque Gallimard», Paris, Gallimard, 2000, 210 p.

Exploration des thèmes de la subversion, du carnaval et de la farce qu'on retrouve dans l'œuvre. L'ouvrage comporte un dossier d'accompagnement très complet, qui propose une synthèse à la fin de chaque acte.

JARRY, Alfred. *Ubu roi*, édition de Noël Arnaud et Henri Bordillon, coll. «Folio classique», Paris, Gallimard, 2002, 208 p.

Édition préfacée et commentée par deux spécialistes reconnus d'Alfred Jarry.

JARRY, Alfred. *Ubu roi*, édition présentée, annotée et commentée par Clotilde Meyer, coll. «Petits classiques Larousse», Paris, Larousse, 2007, 159 p.

Guide très bien conçu qui propose de multiples outils de lecture et d'approfondissement de l'œuvre, des connaissances sur l'époque de sa création ainsi que sur son auteur.

ADAPTATION D'*UBU ROI* EN BANDE DESSINÉE

CASANAVE, Daniel (illustrations de) et Alfred JARRY. *Ubu roi*, Montréal, Les 400 coups, 2002, 88 p.
   Si elle s'inspire de la pièce de Jarry, cette œuvre prend cependant quelques libertés avec le texte original.
   Il convient donc de la consulter pour des fins de comparaison seulement.

OUVRAGE GÉNÉRAL

THÉRENTY, Marie-Ève. *Les Mouvements littéraires du XIXᵉ et du XXᵉ siècle*, coll. « Profil/Histoire littéraire », Paris, Hatier, 2001, 159 p.
   Ouvrage intéressant qui rend compte des mouvements littéraires associés à Jarry et de son époque.

OUVRAGES HÉTÉROCLITES EN LIEN AVEC JARRY

BÉHAR, Henri (présentation et choix). *Alfred Jarry : mots, propos, aphorismes*, coll. « En verve », Paris, Horay, 2003, 128 p.
   Recueil de pensées et de répliques de Jarry, tirées de ses écrits, de sa correspondance, de ses conversations. On y découvrira son grand sens de l'humour et son esprit hors du commun.

MARTIN, Nicolas (présentation). *Ubu cycliste – Alfred Jarry*, Toulouse, Le Pas d'oiseau, 2007, 112 p.
   Passionné de cyclisme, Jarry a écrit divers textes humoristiques et absurdes sur son sport favori. Pour le centième anniversaire de la mort de l'auteur, on a rassemblé dans ce petit ouvrage ses écrits « vélocipédiques ».

SITES INTERNET

http://www.alfredjarry2007.fr

Ce site est maintenu par la SAAJ (Société des Amis d'Alfred Jarry). On y découvre une description détaillée de la vie et de l'œuvre de Jarry, des œuvres numérisées, des photographies et des vidéos. La SAAJ est composée de littéraires spécialistes de Jarry; toutes les informations provenant du site sont donc extrêmement fiables et pertinentes.

http://www.college-de-pataphysique.org

Dans ce site, on peut consulter les publications des membres du Collège de 'Pataphysique, institution inspirée de la science proposée par Jarry. On peut aussi télécharger le Calendrier 'Pataphysique.

Les autres sites doivent être consultés avec la plus grande prudence, car ils peuvent présenter des informations douteuses ou même fausses.

Plusieurs sites offrent des textes intégraux de Jarry en ligne; il faut cependant prendre garde aux nombreuses fautes d'orthographe et de ponctuation qui s'y trouvent.